日本語はこわくない

飯間浩明

PHP

はじめに

日本語って、そうとう怖がられているな。そう思うことがあります。現代ほど怖がられている時代はないかもしれません。

何しろ、SNSで個人的なことをちょっとつぶやくだけで、誰かから「あなたの日本語は間違っている」と批判される時代です。「日本語警察」と呼ばれる人々が、あらゆる場所に出没しています。

昔ならありえないことでした。きょうの小さなできごとを日記に書いたり、周囲の友だちと気軽に雑談したり、といった狭い言語生活の中に、見知らぬ外部の人間が入り込んで、ことば遣いを指摘する。そんなことは、ちょっと考えられないですね。

でも、今はＳＮＳでそういうことが日常的に起こります。おのずと、誰もがピリピリするようになりました。「自分の言い方は失礼ではないだろうか」「この言い方は日本語として正しいのか」。日本語を自由に使えないストレスが強くなっていると感じます。

国語辞典を作っている私は、ネット上などでいろいろな質問を受けます。「こういう言い方はＯＫなのでしょうか」と深く悩んでいる人もいれば、「こういう言い方は許せませんよね？」と息巻く「警察側」らしき人もいます。やっぱり、みんなピリピリしています。

私としては、「うーん、まあ、べつに気にしなくてもいいんじゃないかなあ」とか、「どっちもアリじゃないかなあ」とか、白黒のはっきりしない答えしか浮かばないことがしょっちゅうです。実際、ことばというのは、そう簡単には正解を決められないものです。

人々が日本語を怖がるのは、ことばに顔を近づけすぎているからじゃないかという気もします。少し距離を置き、客観的に観察すると、答えが出ることもあります。奇妙な言い方だと思ったが、実は似たような言い方は昔からあった、ということも珍しくありません。

本書はとてもささやかな本ですが、日本語の問題をどんなふうに捉えればいいか、その考え方はひととおり述べたつもりです。読み終わる頃には、ピリピリした気持ちがなくなって、「日本語って、そんなに怖くないんだな」と、楽になるかもしれません。そうなってもらえたらいいな、と思いながら書きました。

松栄舞子《まつえまいこ》さんの物語ふうのイラストは、本書を読むあなたの気持ちをよりいっそうふんわりさせてくれることでしょう。

あなたの「日本語恐怖症」を解消するお手伝いができれば幸いです。どこからでもページを開いてみてください。

飯間浩明

日本語はこわくない　目次

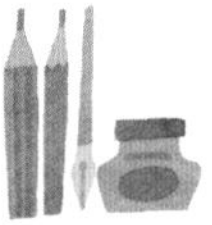

第2章 書き分けたい日本語——ルールはあるけれど

第3章 似ている日本語——どこか違うらしい

第4章 こわくない日本語——正しさはあなたが決める

第1章 敬う日本語

——敬語だって変化する

1 「ご質問」が失礼ならどう言えばいい？

時は、世紀のちょうど境目の２０００年。支持率がひどく低迷していた当時の森喜朗《もりよしろう》首相は、記者団とも関係が悪くなり、何を聞かれても答えなくなりました。そんなある日、ひとりの記者が問いかけました。

「ご質問に答えていただけますか」

首相は苦笑しながら答えました。「自分の質問に『ご』をつけちゃだめじゃない。日本語をちゃんとしないと」

さて、記者はどう言えばよかったのでしょう。

❖「ご」をつけないとそっけない

自分の質問を「ご質問」と言っては絶対にいけないとまでは思いません。ただ、偉そうに感じる人もいるでしょう。かといって、「ご」を取って「質問に答えていただけますか」と言うと、今度はそっけなくなってしまいます。つまり、「ご」をつけてもつけなくても、解決にならないのです。

同じような例が、私の所に来るメールの中にもあります。

「取材のご依頼」

私に取材を申し込むメールです。この「ご依頼」の「ご」はつけてもいいのでしょうか。

元首相なら「自分の依頼に『ご』をつけちゃだめ」と言うでしょう。たしかに違和感はあります。でも、「ご」を取って「取材の依頼」とすると、そっけない。「ご」をつけてもつけなくても、やはり解決になりません。

実は、自分のことでも「ご」がつけられる場合があります。たとえば、「相談」「案内」がそうです。「部長にご相談があります」「先生にご案内を差し上げます」と言っても、おかしくありませんね。

これは、「相談」「案内」が、もともと目下が目上に対して行なうイメージが強いからです。「ご相談」「ご案内」と「ご」をつけても、へりくだったイメージが保たれるのです。

一方、「質問」「依頼」は、目上から目下にも行ないます。へりくだったイメージは特にないことばです。それで、「ご質問」「ご依頼」のように「ご」をつけると、目上の人が言っているイメージが浮かぶのです。自分の質問を「ご質問」と言いにくいのはそのためです。

❖「和語」が解決のカギ

では、「質問」「依頼」に「ご」をつけずに、しかも礼儀正しく言うには、どうすればいいのでしょうか。

簡単なのは、熟語を使うのをやめてしまうことです。「ご質問」「ご依頼」と二字熟語を使うのは諦める。その代わりに、「お尋ね」「お願い」と、和語（大和ことば）を使います。すると、柔らかく、へりくだった感じが出ます。

メールの標題には「ご質問」よりも「お尋ね」を選んでみましょう。相手に与える印象がよくなるはずです。

ポイント

「ご」を使わずに礼儀正しさを表現するには、「ご質問」↓「お尋ね」、「ご依頼」↓「お願い」と、和語（大和ことば）を使うと、好印象を与えられる。

2 「ご」も「お」も両方使えることば

相手からメールの返信が来たとき、私は「ご返事ありがとうございます」と返します。ところが、雑誌の担当編集者に聞くと、「お返事」と書くそうです。「ご返事」と「お返事」。どちらが正しいのでしょうか。

ものごとの正解はひとつではありません。結論から言えば、「ご返事」「お返事」のどちらを使ってもいいのです。

ただ、考えてみると、不可解な部分もあります。「返信」「返礼」は「ご返信」「ご返礼」のように「ご」しか使えません。それなのに、「返事」の場合、「ご」「お」の両方が使えるのは、一体どういうことでしょうか。

大まかな法則として、「ご」は漢語の前、「お」は和語（大和ことば）の前につく、ということがあります。漢語とは、漢字を音読みすることば。和語とは、日本語独自のことばです。

たとえば、「ご友人」「ご招待」「ご祝儀」などは、2文字の漢語に「ご」がついた例です。一方、「お友だち」「お呼ばれ」「お祝い」などは、和語に「お」がついています。

❖生活に溶け込んだ漢語ならば「お」

漢語は硬く、和語は柔らかい印象があります。別の言い方をすると、「ご」は硬いことばに、「お」は軟らかいことばにつくとも言えます。

したがって、漢語でも、日常生活に溶け込んで印象が軟らかくなったものは「お」がつきます。たとえば、「食事」「勉強」「洗濯」は漢語ですが、なじみ深い日常語です。それで、「ご食事」「ご勉強」「ご洗濯」ではなく、

「お食事」「お勉強」「お洗濯」と言います。

さて、「返事」の場合、これは漢語なので、「ご」をつけることができます。「ご返信」「ご返礼」そして「ご返事」です。硬く、改まった感じになります。

❖硬い「ご返事」と軟らかい「お返事」

ところが、「返事」は「返信」「返礼」と違い、日常生活に溶け込んでいます。会話で普通に使えることば、と言い換えてもいいでしょう。子どもが呼ばれて答えるのは「お返事」です。「ご返事をしなさい」と言うと、少し硬いですね。

つまり、硬く改まった感じを出したければ「ご返事」、軟らかい感じを出したければ「お返事」、と区別できます。「返事」は、「ご」「お」の両方を選べる便利なことばです。

「返事」と同じく、「予算」「入《い》り用」なども「ご」「お」の両方が使えます。「ご予算」「お予算」ともにＯＫです。「入《い》る」は和語なので、本来「ご」はつかないはずですが、例外的に「ご入り用」「お入り用」の両方の言い方ができるのです。野球で言えば、左でも右でも打てるバッターのような語があるわけです。

ポイント

「ご」は漢語の前に、「お」は和語の前につく。日常生活に溶け込んで印象が軟らかくなったことばは、漢語でも「お」をつけることがある。

3 丁寧すぎる「お」と、ないと困る「お」

「お（御）」ということばには、いろいろな使い方があります。「お手紙拝見しました」の「お手紙」は相手側を尊敬する用法。「お知らせを差し上げます」の「お知らせ」は、自分側に使う謙譲の用法。同じ「お」なのに、ややこしいですね。

一方、「お花が咲いてるよ」「お風呂に入ろう」などの「お花」「お風呂」などは、尊敬や謙譲の意味を表しているわけではありません。ものごとを丁寧に表現する用法です。

――と、いきなり文法の説明から入って、すみません。

今回の話は、特に、この丁寧に表現する「お」について考えます。「お」をつけると、ことばによっては丁寧すぎたり、逆に、つけないと乱暴に聞こえたりすることがあります。うっかりすると、違和感のある表現にもなります。

❖「お教室」は丁寧すぎるけれど

よく、幼稚園の先生などが、「お教室に行きましょう」「お歌を歌いましょう」と言うことがあります。これは子ども相手だからいいのです。大人に「お教室」「お歌」は丁寧すぎます。「お入り口」「おズボン」なども、やはりくどいですね。

では、「お」は一律に控えればいいかと言うと、そうとも言えません。「お金が必要です」「お酒が足りません」を、「金が必要です」「酒が足りません」と言うと、こんどは乱暴な感じがします。「お金」「お酒」、それから「お茶」「お風呂」などは、普通の会話では「お」をつける形がごく自然です。

では、「先輩の歌に、お義理で拍手した」と言うときの「お義理」はどうでしょう。これを「義理」と言うと、意味が変わってしまいます。「義理」は、つきあいの上で、人として守らなければならない掟《おきて》。「お義理」は、相手に気兼ねして、いやいやながらすることです。

❖「腹」「客」はやっぱり乱暴

「決まり」と「お決まり」も似たような例です。「決まり」はルールのことですが、「お決まり」はいつも同じで新味がないこと。あるいは、「笑い」と「お笑い」も意味が違いますね。前者は単に笑うこと、後者は人を笑わせる芸能です。「お」の有無で意味が変わります。

こうしたいろいろな「お」の使い方のうち、私たちがもう少し注意したほうがいいのは、「お金」「お酒」のグループです。

仕事相手との会話で、「金」「酒」、さらには「腹」「客」のように言う人がいます。これはやっぱり乱暴に聞えます。「腹」は「おなか」、「客」は「お客（さん・さま）」と言えば、相手にいい印象を与えます。このことは、話し手の性別や年齢に関係なく言えることです。

ポイント

「お」は、つけすぎても、控えすぎても違和感が生まれる。

「金」「酒」「腹」「客」など「お」をつけないと乱暴になるものは、特に注意して「お」をつけたほうがいい。

4 「申し上げます」か、「いたします」か？

仕事のメールを書いていると、同じことばの繰り返しになって困ることがあります。

「ご連絡いただき感謝申し上げます。お問い合わせの件につきましては、後日改めてご連絡申し上げます。何とぞよろしくお願い申し上げます」

短い文面に「ご連絡」が2回、「申し上げます」が3回出てきます。「ご連絡」は「ご返信」などに言い換えるとして、厄介なのは「申し上げます」です。敬語の語尾なので、そう簡単に省くわけにはいきません。

いや、待てよ。「申し上げます」は「いたします」に言い換えてもいいのでは――そう考える人も多いはずです。なるほど、「感謝いたします」「ご連絡いたします」「お願いいたします」とも言えそうです。「申し上げます」と「いたします」を、適当に織り交ぜて書けば、変化が出ていいんじゃないのかな……。

それも解決策です。ただ、「申し上げます」「いたします」の意味はイコールではありません。織り交ぜて書いてもいいのですが、意味の違いも押さえておく必要があります。

❖「反省申し上げます」はやや違和感がある

謝罪会見のニュースで、責任者が「心から反省申し上げます」と言うことがあります。これはやや違和感があります。「申し上げます」は、相手がある場合に使います。たとえば「尊敬」は相手に対する気持ちなので「尊敬申し上げます」と言えます。ところが、「反省」は、誰かに向かってするのではなく、ひとり静かにするものです。そういう場合は「いたします」を使います。謝罪会見では「反省申し上げます」よりも「反省いたします」のほうが自然です。

❖「申し上げます」で最後を締める方法も

こう考えると、冒頭のメールの「感謝申し上げます」は、「感謝いたします」では物足りません。ここでの「感謝」は相手に対するものです。「感謝いたします」に変えると、自分ひとりでひそかに感謝しているようで、相手への強い気持ちが表現できません。

それならば、「ご連絡」「お願い」も相手に対するものなので、「ご連絡いたします」とは言いにくいのでしょうか。いえ、これは大丈夫です。「お（ご）～いたします」の形は、「お（ご）～申し上げます」と同様で、相手がある場合に使うことができます。

ただ、「お（ご）～いたします」よりも「お（ご）～申し上げます」のほうが深い敬意を示します。違いを無視して、メールの中で無秩序に織り交ぜるのは美しくありません。

そこで、「お願い申し上げます」を最後に取っておくという方法があります。途中は「ご連絡いたします」などと「いたします」を使います。そして、一番最後に「よろしくお願い申し上げます」と「申し上げます」の形でまとめる。そうすると、けっこういい感じに仕上がります。

ポイント

「申し上げます」は、相手がある場合に、「いたします」は、自分だけでするときに使う。

ただし、「お（ご）～いたします」は、相手に対しても使える。

5 「様」はなるべく隠すのがエレガント

毎日、いろいろな人からメールをもらいます。その文面の中で、私はしばしば「飯間様」と呼ばれます。たとえば、

「飯間様にぜひご執筆いただきたく、ご連絡いたしました」

「飯間様のご都合をお聞かせいただければ幸いです」

初めてのメールの場合が多いかもしれません。「『様』と呼ばれるほど偉くないですよ」と、こそばゆい気がします。

お店の接客では、「様」が一般的に使われます。接客用語と分かってはいますが、やはり連呼されるとこそばゆい。

「こちらに飯間様のお名前とご住所をご記入ください。飯間様のお宅はマンションですか。でしたらマンション名も……」

買った商品を配送してもらう手続きで、こんなことを言われます。私よりも年上の店員さんに言われると、なおさら恐縮します。

❖「様」はそろそろ古語の仲間入り

「様」という敬称は、昔は広く使われていました。「旦那様」「奥様」「お母様」「兄様」のように。時代劇なら「お武家様」「お役人様」もあります。

ところが、現代語では「様」の使用範囲が非常に狭まってきました。普通に使うのは、手紙やメールの宛名です。または、先に挙げたような接客の場合ですね。

それから、人の身内を丁寧に言うときは、「お父様はお元気ですか」「お嬢様はおいくつですか」のように「様」をつけます。でも、当人を前にして「お父様」と呼ぶのはやや古風です。「お嬢様」と呼びかけるのは、ドラマの執事ぐらいでしょう。

要するに、「様」はそろそろ古語の仲間入りをしそうなことばです。乱用すると、時代劇のせりふのようになります。

❖「様」の乱用避け尊敬語で表現する

では、どうすればいいか。私の場合、メールの宛名は「飯間様」で違和感はありませんが、本文は「飯間さん」で十分です。ただ、差出人の側としては、「さん」はくだけすぎて使いにくいと思うか

もしれません。「先生」も、自分が教わっていない相手には使いにくいこともあります。

こんな場合、「様」はひたすら隠すのが正解です。「飯間様にご執筆いただく」でなく「ご執筆いただく」、「飯間様のご都合」でなく「ご都合」で十分です。接客の場でも「飯間様のお名前」でなく「お名前をご記入ください」と言えば通じます。

古来、日本語では、相手を名指しせず、尊敬語で表現してきました。「あなたの心」ではなく「御心《みこころ》」、「あなたの考え」ではなく「ご存念」という具合です。こ

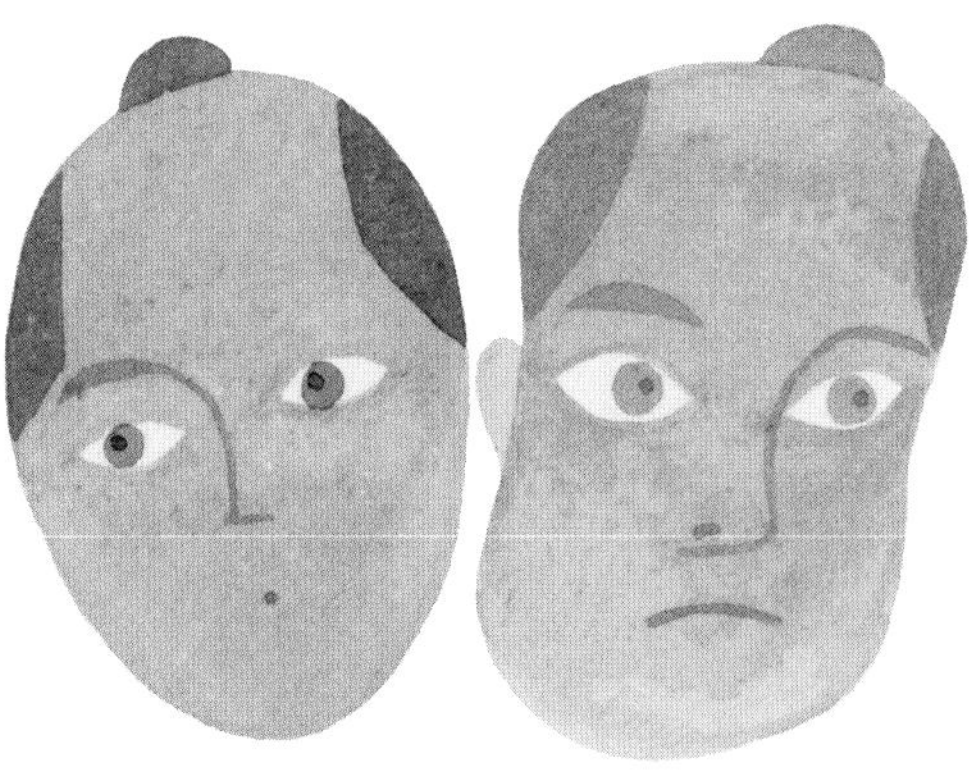

れは現代にも通じます。「様」の乱用を避けて、「お○○」「ご○○」などの表現を使うと、エレガントになります。

ポイント

昔ほど日常的に使われなくなってきた「○○様」は、手紙やメールの宛名以外ではなるべく使わず、その代わりに「お○○」「ご○○」で敬うとエレガント。

6「参る」と「伺う」の微妙な関係

敬語を使うときにやっかいなのは、しばしば、特別の動詞が必要になることです。「待つ」の謙譲語は「お待ちする」だから、「行く」の謙譲語は「お行きする」かと思ったら、そうではない。「先生の所に行きます」は「先生の所に参ります」となります。「行く」が「参る」という特別の動詞に変わります。

話はこれで終わりません。「行く」の謙譲語には、もうひとつ「伺う」という動詞があります。「先生の所に参ります」の代わりに「先生の所に伺います」と言うこともできます。

「行く」の謙譲語として、どうして2種類の動詞が用意されているのか。たまたまダブっただけで、どちらを使ってもいいのかな。そんな気もしますが、「参る」「伺う」には、実は微妙な使い分けがあります。

❖「参る」だけだと古風な印象に

「参る」は、下に「ます」をつけなければ使いにくい面があります。私が送受信した過去10年間のメールを調べると、「参ります」が300件を超えるのに対し、単なる「参る」はたった20件弱。「当日参ることができず」など、例は少数です。

これは、「参る」だけだと古風な印象があるからです。右の「当日参ることができず」も、おわびの硬い文面で使われていました。文末に使う「参ります」ならば日常的なことばなのですが。

一方、「伺う」と「伺います」には、古風かどうかの違いはありません。

手元のメールの件数では、どちらも４００件以上あり、普通に使われています。「伺う」も「伺います」も日常語です。「伺う」よりもさらに丁寧な「お伺いする」もありますが、これも日常語です。

❖「参ります」は目上以外にも

それなら、「参る」を使うのはやめて「伺う」だけを使えば、話は簡単そうです。でも、「参る」にはまた、「伺う」にはない役割があります。目上の人以外の所へ行くときにも、「参る」を使うことができるのです。

たとえば「明日から旅行で海外に参ります」と言います。「海外」は目上ではありません。この場合は、聞き手に対して改まった気持ちを示すため、「参る」を使っています。

同様に「これから弟の所に参ります」とも言えます。これも、弟を目上と考えているわけではなく、聞き手に改まった気持ちを示しています。これを「弟のところに伺います」と言うと大変で、弟を目上扱いしています。

こういうとき、「伺う」は使えません。

「参る」「伺う」にはそれぞれ得意分野があります。「この場合はどちらが効果的か」と考えて使い分けるといいでしょう。

ポイント
目上の人には「伺う」も「参る」も謙譲語として使える。
「参る」は古風で硬くて使いにくいけれど、聞き手に対して改まった気持ちを示す場合は適切。

7 「ご自愛」は目上に使いにくいのか？

手紙に使われる言い回しは、メールの時代でも意外に健在です。「拝啓」「敬具」は、さすがにメールではあまり目にしませんが、「ご自愛ください」などといった末尾の挨拶《あいさつ》は、ビジネスメールでもよく使われます。

ところが、ネットを見ると、この「ご自愛」に抵抗感を持つ人もいるようです。質問サイトで「目上の方に『ご自愛ください』は失礼と聞きました」と発言している人もいます。「健康管理は自己責任でお願いします、と突き放す感じがする」という意見も聞きました。

これには驚きました。「ご自愛ください」は、昔から使われている尊敬表現です。むしろ礼儀正しいことばと言えます。

「自愛」とは、自分を大切にすること。「ご自愛ください」は、「あなたは一生懸命に仕事をされる方なので、どうかお体を大切になさってください」という意味です。「何とぞご自愛専一に」なども言います。

❖「失礼では？」と思われる原因は

敬語というのは不思議なもので、昔から伝統的に使われていることばでも、「それは失礼ではないか」と感じる人が多くなる場合があります。すると、そのことばが避けられるようになります。一種の風評被害です。「ご自愛」がそうならないことを祈るばかりです。

敬語が失礼と感じられてくる理由は、新しい用法が広がるからです。最初は目上に使っていた尊敬語も、そのうち、友人や目下に敬意を込めて使う場合も多くなります。すると、「目下に使うようなことばを目上に使っていいのかな」と、疑問が湧いてくるのです。

「自愛」にも新用法が広がっています。2010年代になって、「ご自愛」を、自分にごほうびをあげる場合に使うことが増えているのです。

❖「ご自愛スイーツ」という使い方も

たとえば、インスタグラムで「#ご自愛」を検索すると、「ご自愛スイーツ」「ご自愛コスメ」などの語句が出てきます。自分へのごほうびとして、スイーツを食べたり、新しいコスメを買ったりするわけです。

誰も褒めてくれなくても、頑張った自分にごほうびをあげたい。そこで「ごほうびケーキ」などの言い方が生まれました。「ご自愛スイーツ」なども、その延長線上にあります。

もし、こうした新しい使い方が生まれたために、伝統的な使い方が避けられているのだとすれば、とても残念なことです。新しい使い方も楽しみつつ、以前からどんなふうに使われてきたかも知っておいて、場合に応じて使い分けるようにするのがいいでしょう。

ポイント

「ご自愛ください」は、伝統的な尊敬表現で、失礼ではない。「自愛」を自分にごほうびをあげる意味で使うようになったため、伝統的な用法が避けられているとすれば、とても残念。

8 「いいですよ」と上司に言いたいとき

スケジュールの打ち合わせで、上司が「水曜日でいいですか?」と聞いてきた。たとえそれでいい場合でも、部下のあなたとしては、ちょっと返事に詰まるかもしれません。

「はい、いいですよ」は軽すぎるかな。ならば、何と言えばいいだろう。「かまいません」「結構です」「大丈夫です」「問題ございません」……。いろいろあるけれど、ＯＫの意味を表現するって難しい。相手に最も印象のいい答え方は何だろう。

私が上司の側なら、右のうち、どの返答が来ても、そう気にしないかもしれません。「ＯＫです」でもいいくらいです。スケジュールについての答え方なんて、べつに大きな問題じゃないですから。

❖丁寧な表現でも失礼になる理由

ところが、不思議なもので、部下の側に立って考えると、右の返答のどれも、少し言いにくいのです。わずかに引っかかりを感じます。敬語を使う側にとっては、ちょっとしたことでも大きな問題です。

別の状況では、違和感がよりはっきりします。

上司が夕食をおごってくれることになった。もちろん、まずはお礼を言います。その後、「〇〇亭でいいかな」と店の名を言われて、何と答えるか。「はい、いいですよ」は、さすがに偉そうです。おごってもらうわけですからね。「かまいません」「結構です」「大丈夫です」「問題ございません」……なども、かえって失礼ですらあります。

どういうことでしょうか。「これでいいですか?」に対する答えとして「いいですよ」、またはそれを丁寧にした「かまいません」などの表現を使うと、相手に許可を与えることになってしまうのです。

ここが敬語の厄介さです。「いい」を「かまわない」「結構」などと丁寧な表現に変えても、全体として許可を与えていることに変わりありません。

❖許可ではなく承諾や感謝の形に

では、どうするか。「許可与え表現」と感じられないように、全体の言い回しを工夫すればいいのです。

「水曜日でいいですか」と言われて、OKならば「承知しました」と返してもいいですね。相手に従う意思が伝わります。NGならば「その日は予定がありまして……」と言います。

「○○亭でいいかな」と言われたら、許可も不許可もないですね。少々気に入らなくても「わあ、ありがとうございます」と、素直に感謝しておきます。

要するに、許可を求められた場合でも、直接答えない、ということです。少し言い方をずらして、承知や感謝などの形にすると、うまくいきます。変化球のようですが、それが礼儀にかなうのです。

ポイント

目上の人に「いいですよ」と言いづらいのは、相手に許可を与えるような表現だから。承知や感謝のことばに置き換えてみよう。

9 「ご苦労さま」「お疲れさま」の心構え

「ご苦労さま」「お疲れさま」ほど誤解の多い挨拶《あいさつ》はありません。ツイッターでこれらの挨拶を話題にするたび、大きな反響があります。あちこちで摩擦を呼んでいるらしいのです。

この2つの挨拶について詳しく論じると果てしないのですが、ここでは「ご苦労さま」「お疲れさま」を使う場合の基本的な心構えについて述べておきます。それは2つあります。

1 自分が使う場合は、自分が属する集団の習慣に従おう。

2 他人の使い方が自分と違っている場合、その人の習慣を広い心で受け入れよう。

要するに、この2つの挨拶は、人によって使い方が違い、どれが正しいとも言えないのです。それで、お互いの習慣を尊重することがとても大切になります。

❖「ご苦労さま」は昔から目上にも

よく「ご苦労さま」は目下に、「お疲れさま」は目上に使う、と言われます。これはべつに伝統的な区別ではなく、1990年代から見られる主張です。伝言ゲーム的に広まった面もあり、特に根拠はありません。

歴史的には、「ご苦労さま」は昔から目上にも使われていました。研究者の調査では、江戸時代には、目下よりも目上に使うほうが多かったということです。私も、家臣が殿様に対して「御苦労千万」と言った例などをいくつか拾っています。

戦後になっても、「ご苦労さま」は敬意の高いことばとして目上に使われました。1982年の映画「海峡」では、吉永小百合さんが、恩人で目上に当たる高倉健さんに対し、「ご苦労さまでございました」と丁寧に頭を下げる場面があります。

❖「お疲れさま」は意外にも新顔

一方、「お疲れさま」は、もともと芸能分野で上下の隔てなく使われていたことばです。それが一般化したのは戦後のことと考えられます。意外にも新顔の挨拶ことばです。

ところが、20世紀末に「『ご苦労さま』は目上に失礼」という風評が広まった結果、代わりに「お疲れさま」がよく使われるようになりました。21世紀になると、「『ご苦労さま』は目下に、『お疲れさま』は目上に」と明示する国語辞典まで現れました。さすがにこれは決めつけすぎだと、私は考えています。
敬語に対する印象は、年齢・職業などによっても変わります。自分の職場で決まった習慣があれば、それに従うのがいいでしょう。でも、別の習慣を持つ人に出会ったら、その人の習慣も尊重すべきです。「ご苦労さま」「お疲れさま」に関して、絶対の正解はありません。

ポイント

『ご苦労さま』は目上の人に失礼」には根拠がない。どう使うかは、自分が属する集団の習慣に従いつつ、他の人の習慣も広い心で受け入れよう。

10 何人も登場すると敬語はややこしい

夫の会社の部長が家にやって来ることになり、妻はお茶請けに羊かんを用意しました。部長の喜ぶ様子を見て、妻はこんなふうに言いました。

「羊かんがお好きと、夫から伺っておりました」

なんだか引っかかる言い方です。「夫から伺う」と言うと、妻から見て夫が目上のようです。「夫からお聞きする」と言い換えても同じことです。

では、「伺う」を単に「聞く」にしてはどうでしょう。

「羊かんがお好きと、夫から聞いておりました」

これなら、夫が目上という感じはなくなります。ただ、「聞く」だけでは、部長に対する敬意が足りない感じがします。

困りましたね。こんなふうに、文の中に目上の人（ここでは部長）と、そうでない人（ここでは夫）、それに自分、というように何人も登場すると、敬語はややこしくなります。

❖登場人物を減らしてみる

こんな場合は、登場人物を減らしましょう。たとえば、

「（部長は）羊かんがお好きと（私は）伺っておりました」

こうすれば、文中に夫が登場せず、誰からともなく噂《うわさ》で聞いたことになって、問題が避けられます。あるいは、

「（部長は）羊かんがお好きと、夫が申しておりました」

ここでは「私が聞いた」という部分は省かれています。これでも問題が避けられます。

これと似た言い方で、よく問題になるのは、敬語を使うべき相手が２人いる場合です。

会社でパーティーが開かれた時のこと。先輩が気を利かせて、社長を会場まで案内してくれました。私は先輩にどうお礼

を言えばいいでしょうか。

❖複雑な状況はそもそも避ける

「先輩が社長を案内してくださったんですね。どうもありがとうございます」

これだと、先輩には「くださった」と敬語を使っていますが、社長に対する敬語がありません。一般には、次のように言うのがいいとされています。

「先輩が社長をご案内してくださったんですね」

つまり、「社長をご案内する」の形にすれば、社長への敬意も示せるというわけです。

でも、なんだか複雑な言い方ですよね。敬語を使う相手が2人になる状況は、そもそも避けたほうがいいでしょう。

「本来は私が社長をご案内すべきでした。先輩、どうもありがとうございます」

私ならこんなふうに言うと思います。敬語の文は単純にするのが一番のポイントです。

ポイント

登場人物が何人もいるときは、敬語がややこしくなる。できるだけ人物を減らして、敬語を単純にしてみよう。

11 「なるほど」に関する謎のマナー

〈「なるほど」は失礼⁉　ビジネスで使える正しい敬語表現とは？〉〈「なるほど」は上から目線で失礼？〉

——これ、何だと思いますか。インターネットでしばしば語られる「フェイクマナー」の一例です。つまり、まったく根拠のない、謎《なぞ》のマナーのことです。

フェイクマナーで標的となったことばのひとつが、この「なるほど」です。引用部分にあるように「失礼だ」と書かれることがあるのです。人を困惑させる、実に無責任な説です。

あいづちに使う「なるほど」は、べつに失礼ではなく、相手に賛意を示し、納得を表す端的な表現です。これを「ダメ」と取り上げられたら、私はあいづちが打てなくなります。同じように思う人も多いはずです。

❖江戸時代から目上に失礼でない

「なるほど」は江戸時代には例が現れています。以来今日まで、目上に失礼ということはありませんでした。落語の会話を聞いても、目下のほうが「なるほど、さようでございますか」などと丁寧な口調で言っています。こういう例になじんでいれば、「なるほど」が失礼という発想は浮かばないはずです。

夏目《なつめ》漱石《そうせき》の『吾輩《わがはい》は猫である』では、金持ちの家を来訪したお客が、やたらにへりくだって話す場面があります。

〈なるほどあの男が水島さんを教えた事がございますので――なるほど、

よい御思い付きで――なるほど〉

「ございます」ということば遣いで分かるように、非常に丁寧な発言の中で「なるほど」が使われています。この例では、お客はむしろへりくだりすぎているくらいです。

❖部下の「なるほど」とがめないで

学生にマナー講座を行う新聞社の人事担当者に聞いても、「なるほど」が失礼とは考えていないそうです。ことば遣いに厳しい新聞社でもＯＫなのですから、心配せずに使ってけっこうです。

もしかすると、何気ない会話の中で、部下から「なるほど～」などと軽く受け流され、ムッとした上司がいるのかもしれません。でも、それは使い方の問題です。大事な話を聞いた部下が、深く納得して「なるほど、よく分かりました」と答えた場合、なんら失礼な感じはありません。

世の上司の皆さんにお願いです。どうかフェイクマナーに惑わされることなく、部下が真面目に使っている「なるほど」をとがめないであげてください。昔からある一般的なあいづちです。今後も大切に使っていこうではありませんか。

ポイント

「目上の人には『なるほど』を使ってはいけない」は、根拠のないフェイクマナー。深い納得のうえで発せられる「なるほど」をとがめないで。

12 買ってきてくれて、とてもうれしい

「してくれる」「していただく」など、動詞には授受を表す形があります。

雑誌の担当編集者がこんな観察を話してくれました。

「『買ってきてもらってうれしい』よりも『買ってきてくれてうれしい』のほうが気持ちが伝わる気がします。一方、『買ってきてくださってありがとうございます』よりも『買ってきていただいてありがとうございます』のほうが礼儀正しい気がします。なぜでしょう」

私は思わず感嘆の声を漏らしました。鋭い観察です。この違いがあることを読者の皆さんにご紹介するだけで、私の文章の目的は達成されたようなものです。よけいな解説はいらないかもしれませんが、順序立てて理由を説明してみます。

❖好ましく感じる授受表現とは？

動詞が授受を表す形には、「くれる」「もらう」「あげる」の3つの基本形があります。それぞれの敬語形は「くださる」「いただく」「さしあげる」です。

このうち「あげる（さしあげる）」は、今回は置いておきます。ここで問題にしているのは、「くれる（くださる）」と「もらう（いただく）」です。

この2つは、誰が主語になるかで使い分けます。「あなたが」に続くのは「くれる（くださる）」です。また、「私が」に続くのは「もらう（いただく）」です。

編集者が好ましく感じたのは、「私が〜てもらう」よりも「あなたが〜

てくれる」で、あなたの行動を指す表現でした。ところが、敬語形では、「あなたが〜てくださる」よりも「私が〜ていただく」のほうが礼儀正しい、つまり、私の様子を指す表現を好ましく感じたのです。

相反する2つのルールがある

なぜこんな違いが現れるのでしょうか。それは、「感謝するときは、行動してくれた相手を主語にする」「敬意を表すときは、なるべく相手を主語にしない」という、相反する2つのルールがあるからです。

対等の関係なら、「あなた」を主語にすることで、相手がどんなことをしてくれたかを強調できます。「あなたが手伝ってくれたからこそ、私はうれしい」と、率直な表現で感謝を伝えることができます。

ところが、目上との会話では、相手の行動を直接指さないほうが礼儀正しくなります。「(先生が)先日おっしゃった」よりも「(私が)先日伺った」のほうが洗練された感じになります。同様に、「(先生が) 買ってきてくださった」よりも「(私が) 買ってきていただいた」のほうが敬語らしい表現になるのです。

敬語になると主語が変わるというのは不思議です。ただ、私は目上に対しても「(先生が) 買ってきてくださった」のように相手を主語にすることが多くあります。このほうが親しみが感じられて、悪くないと思うからです。

ポイント

「(あなたが) ～てくれた」と言うと率直な表現になる。
「(私が) ～ていただいた」と言うと礼儀正しくなる。
敬意を表すときは、なるべく相手を主語にしないルールがある。

13 相手の配偶者はどう呼んだらいい？

「話している相手の配偶者を、どう呼べばいいですか」

そんな質問をよく受けるようになりました。男女が共同で社会を作る大切さが以前よりも理解されるようになり、配偶者の呼び方への関心も高まっています。

自分の配偶者を「主人」「家内」と呼ぶことには抵抗を持つ人が増えているようです。いくつかの意識調査によると、最近では「夫」「妻」と呼ぶ人が多くなっていることが分かります。

夫を「主人」と呼んだからといって、妻が家来というわけではありません。ただ、「主人」には一家の中心人物という意味合いがつきまといます。また、妻を「家内」と呼ぶのも、外で働く女性が多い現在、実態とずれてきている感じがします。今後は自分の配偶者を「夫」「妻」と呼ぶ人がさらに増えるでしょう。

❖伝統的な表現「お連れ合い」

自分の配偶者もさることながら、困るのは相手の配偶者の呼び方です。従来は「ご主人さま（旦那さま）」「奥さま」が一般的でしたが、今はもう古くて使いにくい、という人が多くなりました。かといって、「夫さん」「妻さん」とも呼びにくい。そこが人々の悩みの種です。

実は、「夫さん」は一部で使われています。2017年のドラマ「カルテット」でも、宮藤官九郎《くどうかんくろう》さん演じる人物が「夫さん」と呼ばれていました。ただ、十分に定着してはいません。

では、どうすればいいか。私が推す呼び名はいくつかあります。そのひとつは「お連れ合い（さま）」です。伝統的な日本語で、すでに江戸時代から使われていました。

「きょうは、お連れ合いはどちらに行かれましたか」

こう聞いても、べつにおかしくありません。最初は言いにくいかもしれませんが、すぐに慣れるのではないでしょうか。

❖「パートナー」や「ご家族」もいい

若い人なら「パートナーさん」もいいでしょう。カタカナことばでも気にする必要はありません。テレビのインタビューに答えた一般人の女性が「パートナーさん」と言っていましたが、自然な印象を受けました。夫婦以外に、恋人同士に対して使えるのも便利です。

もうひとつ、お勧めの呼び方があります。それは「ご家族」です。

それほど親しくない段階では、あまり相手の配偶者を話題にしないほうがいいこともあります。相手におみやげを渡すとき、「奥さまに差し上げてください」と言う代わりに「ご家族で召し上がってください」。このように漠然と言えば十分なことも多いのです。

ポイント

自分の配偶者は「夫」「妻」と呼ぶ人が多くなった。
相手の配偶者は「お連れ合い（さま）」「パートナーさん」がお勧め。
それほど親しくない段階では「ご家族」もアリ。

第2章 書き分けたい日本語

——ルールはあるけれど

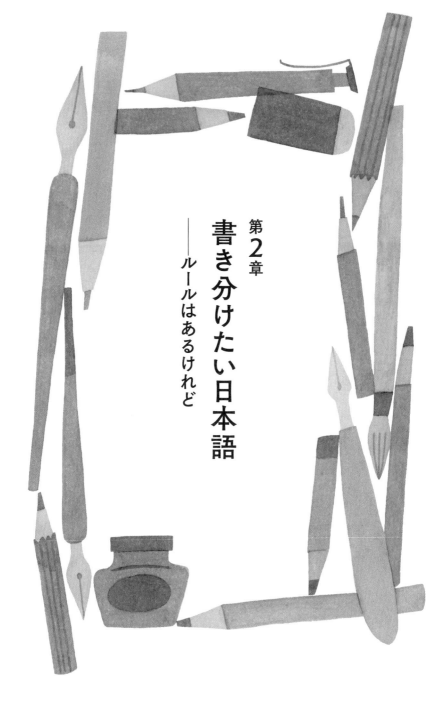

14 漢字で書くか、仮名で書くか？

人から来たメールに「早速御送付戴《いただ》き有難《ありがと》うございます」などと書いてある例をよく見ます。漢字が連続して読みにくい。大げさでなく、実際にあるのです。とはいっても、どのくらい漢字を減らせばいいかというと、迷う人も多いのではないでしょうか。

役所の人は、あまり悩まないかもしれません。『公用文の書き表し方の基準』という本に従うからです。この基準によると、「早速御送付いただきありがとうございます」となります。少し読みやすくなりました。

ただ、役所の表記は、どうも漢字が多めですね。新聞の表記と比べてみると、「いくら（幾ら）」「ぜひ（是非）」「だいぶ（大分）」などのことばや、「ご送付」の「ご（御）」などは、役所では漢字、新聞では仮名で書きます。右の文は、新聞ふうに書くと、「早速ご送付いただきありがとうございます」となり、さらに柔らかくなります。

❖形式的なことばは仮名で書く

国語辞典の中にも、漢字か仮名か、よりどころを示すものがあります。私の携わる『三省堂国語辞典』では、仮名で書いてもいい、または書いたほうがいいことばには印をつけています。たとえば、「すでに」は、新聞では漢字で「既に」と書きますが、私たちの国語辞典では、実態を踏まえて、仮名でもいいことにしています。

このように、基準が違えば、漢字か仮名かの判断は変わります。これでは、自分が基準とする本や辞書を、片時も手放せなくなってしまうかもしれません。

ただ、私の場合、メールなど一般的な文章を書くときには、自分なりのルールを設けています。それは、「形式的なことばは仮名で書く」ということです。

❖重要なことばが漢字で引き立つ

たとえば、「致す」ということば。「昔に思いを致す」という場合は動詞としてはっきりした意味を持つので、漢字にします。一方、「お願いいたします」という場合は、形式的な語尾なので、仮名で書きます。

先ほどの文の「戴く」も、「頭に冠を戴く」という場合は漢字です。一方、「ご送付いただく」という場合は、もとの動詞の意味はなくなり、形式化しているので、仮名書きにします。

結果として、私も新聞と同じく「早速ご送付いただきありがとうございます」と書くことになります。

この書き方なら、重要なことばだけが漢字になるので、ぱっと見て分かりやすい利点があります。この文で重要なのは「早速」と「送付」の部分です。それ以外を仮名にすることで、重要部分が引き立ちます。漢字はメリハリをつけて書くのがいいのです。

ポイント

公的な文書では、ルールに従い漢字と仮名を使い分ける。
それ以外の文書では、形式的なことばを仮名書きにすると、読みやすくなるのでおすすめ。

15 「受け付け」の「け」はいる？　いらない？

大学生の頃、郷里・香川県の高校で教育実習をしました。あるとき、「時間割り」と書いた紙を作って指導の先生に見せに行くと、「時間割」と書き直すように言われました。

「あ、『り』は不要なのか」

当時の文部省の「公用文送り仮名用例集」を見ると、たしかに「時間割」と出ていました。一方、新聞の用語集には「時間割り」とあり、混乱した覚えがあります（現在は「時間割」が一般的です）。

ことほどさように、送り仮名というのは面倒くさいものです。大原則は内閣告示の「送り仮名の付け方」に示されています。でも、個別の事例となると、いちいち判断を迫られます。

❖動詞の意味なら「け」をつける

最近、インターネットで、「受け付け」か「受付」か、それとも「受付け」か、という議論を目にしました。日常生活で混乱する送り仮名の筆頭は、これかもしれません。

議論では、窓口で応対する人のことは「受付け」と書くのだ、などと奇妙な話になっていました。これはさすがに変です。窓口は「受付」と2文字で書くのが一般的だということは、誰しも経験的に納得できるでしょう。

この問題は、次のように考えればいいのです。「受け付ける」という動詞の意味がある場合は「受け付け」と「け」を送ります。「受け付け開始・受け付け順・寄付の受け付け」という具合です。これらは、「受け付けはじめる、受け付けた順、寄付を受け付ける」などと言い換えられます。「受付け」と「け」を1つ省略することもできますが、現在ではややマイナーな表記です。

❖新聞などでは独自のルールも

一方、窓口の「受付」は、具体的な受け付ける行動を指しているわけではありません。人や職務、場所のことです。こういう場合は、「受付・受付係・受付窓口」と「け」を省きます。

新聞の用語集を見て混乱するのは、

「受け付け中」とする一方で「受付期間」とも書いていることです。どちらも似た場面で使いますが、「時間・期間」に続く場合は「け」をつけない独自ルールがあるようです。

さらには、経済関係の用語にも、「け」をつけない習慣があります。たとえば、「受付金・受付額」のように書くのです。

「動詞の意味には『け』をつける。窓口・時間・経済用語は『け』を省く」です。

新聞の方針は、まあざっとこんな感じです。一般人の私たちは、これを参考にしつつ、自分の感覚も信じて使い分ける

といいでしょう。

ポイント

動詞として使うときは「受け付け」、

人や職務、場所、時間、経済用語に使うときは「受付」。

これが新聞の方針。自分の感覚で使い分けてもいい。

16 「工事をおこなう」の送り仮名はどうする？

広島市の平和記念公園は、小さい頃から何度も訪れています。この前行った時は「工事を行なっています」という大きな看板がありました。耐震工事の最中のようでした。

この「行なって」という送り仮名が興味深く、職業的関心から思わず写真を撮りました。写真を撮る価値はあります。一般には「行って」と「な」を記さないことが多いからです。

送り仮名については、内閣告示「送り仮名の付け方」があることはすでに触れました。これは言わば目安で、絶対的なルールではないのですが、一般の表記は多くこれに従っています。

　この目安によると、「おこなう」は「行う」と書くのが基本です。「活用のある語は活用語尾を送る」という本則があるからです。「行う」は、「行わない・行います・行う・行えば・行おう」と、「おこな」の下が「わいうえお」に変化します。この変化する部分を活用語尾と言い、送り仮名はここから書きます。

❖本則ではないが「行なう」もOK

　ところが、この本則には但し書きがあって、若干の語については、ちがう表記も「許容」と示されています。たとえば、「表す」は「表わす」、「断る」は「断わる」、そして「行う」は「行なう」と書いてもいいのです。

　これは、主に誤読を防ぐためです。「敬意を表す」は「ひょうす」「あらわす」の両方の読みがあります。そこで、「あらわす」と読んでほしいときは、「表わす」と書いてもいいのです。「断って」もふた通りに読めます。「たって」か「ことわって」か。後者ならば「断わって」と書いてもいいわけですね。

同様に、「行って」も、「いって」か「おこなって」か、これだけでは分かりません。「おこなって」と読んでほしいときは、「行なって」と書けば、誤読をけられます。

❖過去に「行なう」が標準だった時期も

ただ、「行なう」と書くメディアは少ないかもしれない――そう思っていたら、『ＰＨＰ』では「行なう」なのだそうですね。たとえば、２０１９年８月号には「こまめに水分補給を行ない」「ウォーキングを毎日行なう」のように書かれていました。『ＰＨＰ』の文章は、読み仮名を多く振るなど、誤読を防ぐ配慮が感じられます。

過去には、国も「行なう」を標準にした時期がありました。1959〜73年の規準ではそうだったのです。ところが「違和感が強い」という声が相次ぎ、次の規準改定では「行う」が本則になりました。したがって、この短い時期に教育を受けた人にとっては、「行なう」のほうがなじみ深いかもしれません。

ポイント

「おこなって」は多く「行って」と書くけれど、「いって」と読まれたくない場合などに、「行なって」と「な」を入れるのも許容されている。

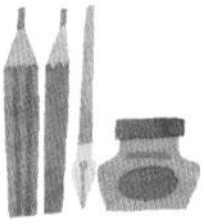

17 「指指す」なんて、書いてもいいの？

漢字の使い分けは、誰でも日常的に悩むもの。たとえば、「指す」と「差す」はどう使い分けますか、という質問を受けました。

「『刀を差す』『水を差す』などの漢字は分かります。『差額』の『差』を書けばいいんですよね。問題は、指し示す場合です」

なるほど。一般的に、指し示す場合は「指」の字を使って「指す」と書きます。ところが、「差」の字を使うこともあります。「指差す」がそうです。これが混乱の元なのです。

指差す場合も、指し示すのは同じことです。ならば、「指」の字を使って「指指す」と書いたほうが統一的です。
「それなら、どうして『差』の字を使うんですか？」

❖「差」はオーバーワーク気味

簡単に言えば、「指」の字の繰り返しを避けるためです。「ゆびゆびす」と読まれないようにしているんですね。「人差し指」も同じことで、「人指し指」とはあまり書きません。

指し示す場合も、すべて「差」の字で書けば、すっきりするはずです。「方向を差す」「目的地を差す」のように。

ただ、「差」の字を使う「差す」は意味が広いのです。「刀を差す」「光が差す」など、いろいろな意味を「差」の字が一手に引き受けています。「差」は少々オーバーワーク気味です。

そこで、指し示す場合は、特に「指」の字を使います。「指差す」「人差し指」だけは例外で、一般的な「差」の字を使っているというわけです。

歴史的に見れば、「指」の字を重ねる例もあります。明治の文豪・泉鏡花《いずみきょうか》の文章を見ると、平気で〈人指指〉〈後指を指す〉と書いてあります。これも、べつに誤りではありません。

❖困ったら、熟語を考えてみよう

漢字の書き分けは、辞書によっても違いがあり、曖昧《あいまい》な部分が残ります。文化審議会からは「『異字同訓』の漢字の使い分け例」という報告が出ていますが、細かい部分では、やはり分からない場合もあります。

困ったときは、熟語を考えてみるのもいい方法です。

たとえば、「暖房のきいた部屋」という場合、「利」の字を書くか、「効」の字を書くかで迷うことがあります。

そこで熟語を考えます。「暖房効果」「暖房効率」など、「暖房」を含む熟語には「効」の字が使われます。「利」の字が使われる熟語は思いつきません。そこで「効」の字を選ぶ、という方法は筋が通っています。

「効」は「時間とともに働きが現れる」という意味があります。「薬が効く」「忠告が効く」、そして「暖房が効く」のように書けます。「利く」も間違いではありませんが、私自身は「効く」を書いています。

ポイント

指し示すときは「指」の字を使うけれど、「指」の繰り返しを避けるために、「ゆびさす」は「指差す」、「ひとさしゆび」は「人差し指」。

18 モノには「出合う」、人には「出会う」か？

「出合う・出会う・出遭う・出逢う……」。同じ「であう」にも、いろいろな書き方があります。どの漢字を書けばいいか、私もよく迷うことがありました。

昔、ＮＨＫ教育テレビ（現Ｅテレ）で「美と出会う」という番組がありました。アナウンサーが、画家や建築家など、さまざまな芸術家を訪ねて話を聞く番組です。ここでは「会」の字が使われています。

そうかと思うと、『読売新聞』で「和と出合う」という連載記事を読んだこともあります。伝統芸能などに初めて触れ、活動の幅を広げた人々を取り上げていました。ここでは「合」の字が使われています。「美と出会う」と「和と出合う」。よく似たタイトルですが、使う漢字は異なっています。これはどういうことでしょうか。

種明かしをすると、以前、ＮＨＫでは「であう」はどんな場合も「出会う」に統一していました。「出合う」「出会う」を区別するのは難しいという理由です。一方、新聞社では基本的に「出合う」はモノ、「出会う」は人、と使い分けていました。それで、両者のタイトルの漢字に違いが現れたのです。

新聞もＮＨＫも使い分けている

ＮＨＫでさえ区別が難しいと言うなら、私たちもそう厳密に考える必要はないという気もします。ところが、そのＮＨＫも、２０１０年からは新聞社に合わせて「出合う」「出会う」を使い分けるようになりました。世の中は使い分ける方向に向かっているのかもしれません。使い分けの要点は、新聞社の言うとおり、モノには「出合う」、人には「出会う」です。

❖思い入れがあればモノも「出会う」

ただ、例外もあります。そのモノに思い入れがある場合は「出会う」を使うこともあります。たとえば、「最近知らないことばに出合った」「生涯忘れられないことばに出合った」という文を比べてみましょう。どちらも「出合った」でいいのですが、後者はそのことばに思い入れが感じられるので、「出会った」と書くのも自然です。

最後に、「出遭う」と「出逢う」にも触れておきます。

「遭」の字は、「遭難」「遭遇」などと使う字で、思いがけないこと、特に不幸にあう場合に使います。それで「災害に出遭う」とも書きます。ただ、一般的には「出合う」で十分です。

また、「逢」は人に思いがけなくあう意味で、「会」と重なります。歌詞ではよく「出逢う」が使われます。ただ、「逢」は常用漢字表にないので、普段は使わなくてかまいません。

ポイント

新聞もＮＨＫも、モノには「出合う」、人には「出会う」。メディアでは使い分けることが主流になっているが、思い入れがあるときは、モノにも「出会う」を使うことがある。

19 「分かる」と書かない教科書の不思議

原稿の文字をどう表記するかについて、出版社などから注文がつくことがあります。基本的には私の表記を尊重してもらいますが、何人かで分担して本を書く場合は、統一性も必要なので、ある程度は従います。

ところが、単著、つまり私ひとりで執筆する本の場合も、「こう表記してはどうですか」と提案を受けることがあります。「なるほど」と思って応じる場合もある一方、提案の意図が飲み込めない場合もあります。

「分かる」を漢字で書かず、仮名で「わかる」としてほしい、という要請を受けたことがあります。複数回、そういうことがありました。

❖「分」は分割する場合しか使えない!?

「えっ、なぜですか。『分かる』は小学校でも習うし、漢字で書いても誤解はないでしょう」

そう尋ねても、担当者もうまく説明できない様子です。

「ええと、『分』は、分割する意味がありますが、『話が分かる』という場合には、分割の意味がありませんので……」

「それはおかしいでしょう」

私は反論しました。「わかる」は、混沌《こんとん》としたものがすっきりといくつかに「わかれる」というのが語源です。現代語でも「はっきり区別できる」という意味で使うので、漢字で「分かる」と書いたって、まったく問題ないはずです。

「でも、小中学校の教科書も仮名になっていますよ」

まさか、と思いました。「分」は常用漢字に入っており、「わかる」という読みは小学校で教えることになっています。

後になって、ある関係者の方が、仮名で「わかる」と書く教科書もある、と教えてくれました。小学校用では漢字なのに、中学校用では仮名に直す教科書もあるそうです。なんとも不思議な方針ですね。

❖教科書は漢字の書き分けを避けたい

どうやらこれは、漢字の書き分けを避けようとするのが理由のようです。ちょっと凝った文章では、理解の意味で「解る」、判明の意味で「判る」と書きます。でも、この表記は学校で教えないため、教科書ではどちらも仮名で「わかる」と書きます。それらと統一するため、本来漢字で書ける「分かる」も仮名で書くようになったらしい。

統一のために仮名で書く、というのは変な話です。それなら、「見る」

は、「観る」「看る」と書き分けることを避けて、仮名で「みる」と書かなければいけなくなります。

「分かる」は小学校で習うのですから、堂々と漢字で「分かる」と書いてかまわないのです。

「解る」「判る」に気兼ねする必要はありません。というわけで、私は今もあいかわらず「分かる」と書いています。

ポイント

「解る」「判る」は、一部の教科書では「わかる」と書くけれど、それに合わせて「分かる」まで「わかる」にしなくてもいい。胸を張って「分かる」と書こう。

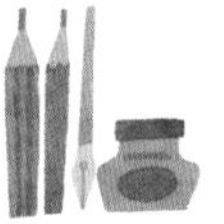

20 「こんにちわ」は認められているか？

子どもの頃、公園に行くと、「芝生え入らないでね」などという表示がありました。助詞の「へ」を「え」と書いています。「ひらがなの使い方も知らない大人がいるんだな」と、心の中で笑っていました。

今考えると、笑うのは失礼でした。おそらく、戦前の教育を受けた人が書いたのでしょう。

昔は「思ひ」「思へば」と書くのが正式でした。ところが、戦後は「発音どおりに書く」ということになり、「思い」「思えば」という表記に改まりました。それならば、「芝生へ」は「芝生え」になると考えても、無理はありません。

実は、1946年に告示された「現代かなづかい」では、助詞の「へ」は〈へと書くことを本則とする〉とあり、「え」と書く余地が残されていました。「芝生え入らないでね」は間違いとは言えなかったのです。

❖「現代仮名遣い」では「こんにちは」

助詞の「は」も同様です。やはり〈はと書くことを本則とする〉とあり、「わ」と書いても必ずしもバツというわけではありませんでした。実際に「御用

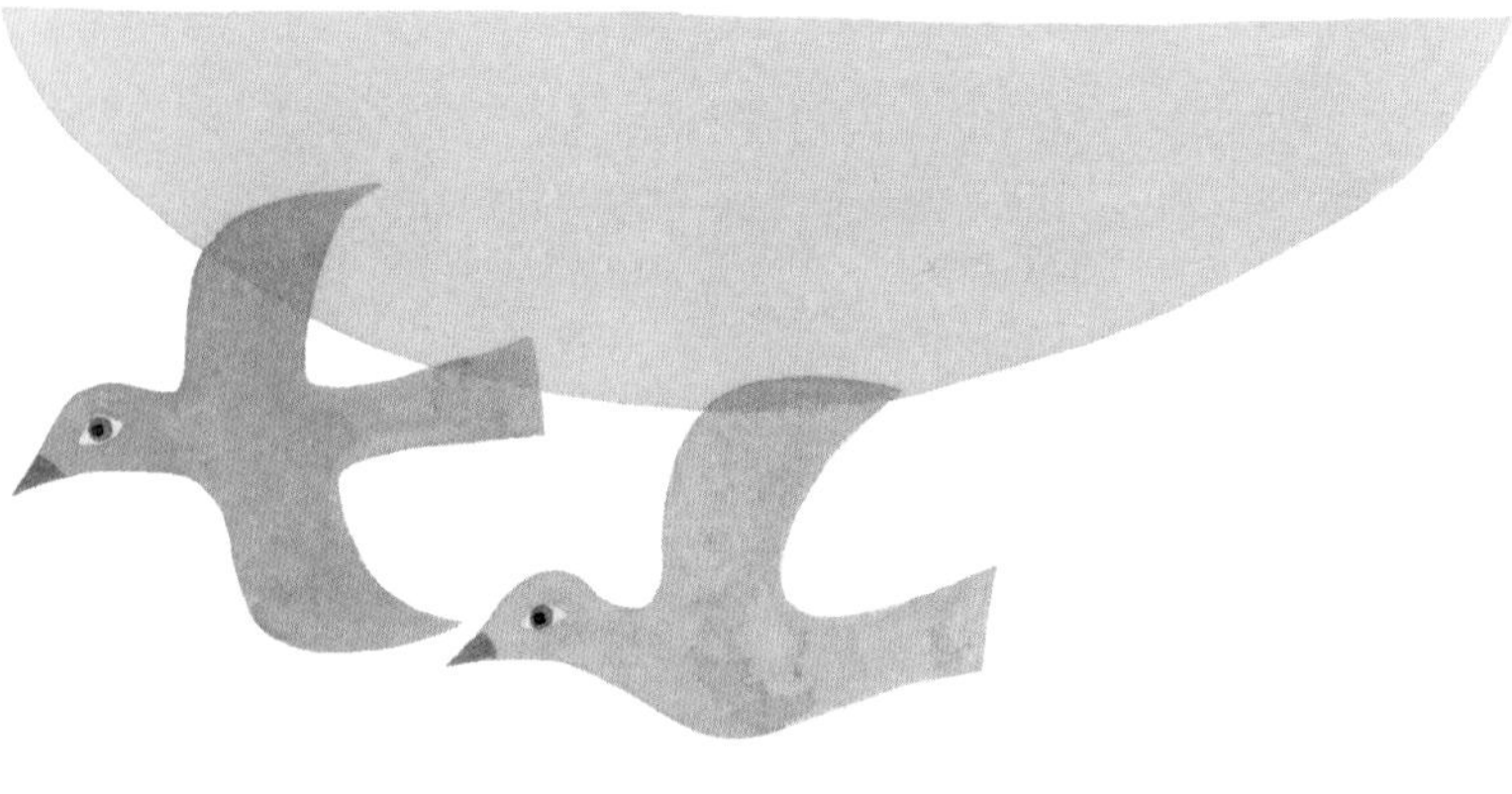

の方わ入口のベルを押して下さい」といった表示を見かけることも、昔はよくありました。

もっとも、学校では助詞は「は」と教えるので、「私わ」と書くことは少なくなりました。一方、「こんにちは」の「は」は、助詞かどうか曖昧《あいまい》なこともあって、「こんにちわ」と書く例も多く見られました。もともと「こんにちは」は「今日《こんにち》はお日柄もよく……」の省略ですが、ひとつの挨拶《あいさつ》語と考えれば、「こんにちわ」でもよさそうです。

ところが、1986年に改定版「現代仮名遣い」が告示され、事情が変わりま

した。助詞の「は」はすべて「は」と書くことになり、例として〈こんにちは　こんばんは〉などが示されました。「こんにちわ」は旗色が悪くなりました。

❖気分によって「こんにちわ」も

ただし、「現代仮名遣い」の及ぶ範囲は知っておく必要があります。〈法令、公用文書、新聞、雑誌、放送など〔略〕のよりどころを示すもの〉であり、〈個々人の表記にまで及ぼそうとするものではない〉のです。

つまり、メールで友だちに「こんにちわ！」と書いても、べつに間違いではないわけです。「こんにちは」の変化した「こんちわ」「ちわーっす」などは、「こんちは」「ちはーっす」と書くと、かえって変ですね。

公的には「こんにちは」が望ましいでしょう。一方、個人的には、普段は「こんにちは」、親しさを表したい場合は「こんにちわ」と、気分によって表記を使い分けるのも、ひとつの方法です。

ポイント

「現代仮名遣い」に従って、公的な場では「こんにちは」が望ましい。

ただし、個人的に「こんにちわ」と書いても間違いではない。

21 読点は、数よりも打つ位置が大事

「おじさんの文章は句読点《くとうてん》が多い」という意見をネットで見つけました。50歳を超えたおじさんである私は「本当かね」と心外に思います。

句読点というのは「。」や「、」のことです。ここでは特に「、」（読点）を指しているようです。

何事によらず、決めつけはよくありません。年配の男性だって、句読点の多い人もいれば、そうでない人もいます。

読点が多いことは、必ずしも悪いわけではありません。多すぎると読みにくくなりますが、読点の極端に少ない文も、これまた読みにくいもので

す。要は、読点が適切な位置に打たれているかどうかが問題です。

❖適切な位置ならば違和感はない

たとえば、次のような文。

「私は、べつに反対するわけでは、なかった」

ここには、たしかに不要な読点があります。ひとつ消して、「私は、べつに反対するわけではなかった」で十分です。「反対するわけではなかった」は一続きのことばなので、途中に読点を入れる必要はありません。せりふのように間を置く感じを出そうとするなら別ですが。

一方、次はどうでしょう。

「私は、急いで食事をして、職場に向かった」

同じ長さの文で、読点が2つですが、こちらは特に違和感はありません。読点が適切な位置に打たれているからです。

読点は、数よりも位置が大事です。位置が適切なら、読点が多くてもいいのです。では、位置が適切かどうかは、はたしてどうやって見分ければいいのでしょう。

読点の目的は、主に2つあります。ひとつは、出来事と出来事の境目を示すこと。もうひとつは、文の骨組みをはっきりさせることです。

❖「出来事の境目」と「骨組みをはっきり」

先ほどの「私は、急いで食事をして、職場に向かった」という文には2つの出来事があります。「私は食事をした」と「私は職場に向かった」の2つです。2つの出来事を区切るため、「食事をして、職場に向かった」と、間に読点を打ちます。

あるいは、こんな場合。

「私は、外国へ行った友だちに手紙を書いた」

この文を骨組みだけにすると、「私は友だちに手紙を書いた」になります。「外国へ行った」は「友だち」を詳しく説明するためにつけ加えた部分（修飾語）で、なくても意味は通じます。そこで、「外国へ行った」の前に読点を打って、骨組みと修飾語とを区別します。

「私は、外国へ行った友だちに……」の読点がないと、「私は外国へ行った……」と文字列が続き、自分が外国に行ったようになります。読点は文の骨組みをはっきりさせ、誤解を防ぐ役割があるのです。

ポイント

読点は、多いか少ないかよりも、適切に打つことが大事。
出来事の境目を示すときと、
文の骨組みをはっきりさせるときに打とう。

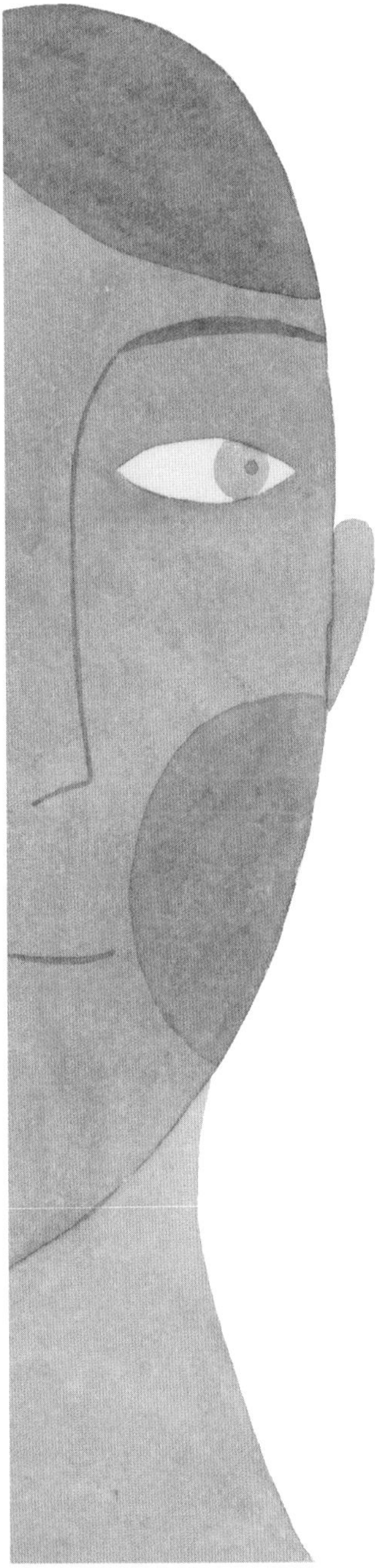

第3章
似ている日本語
——どこか違うらしい

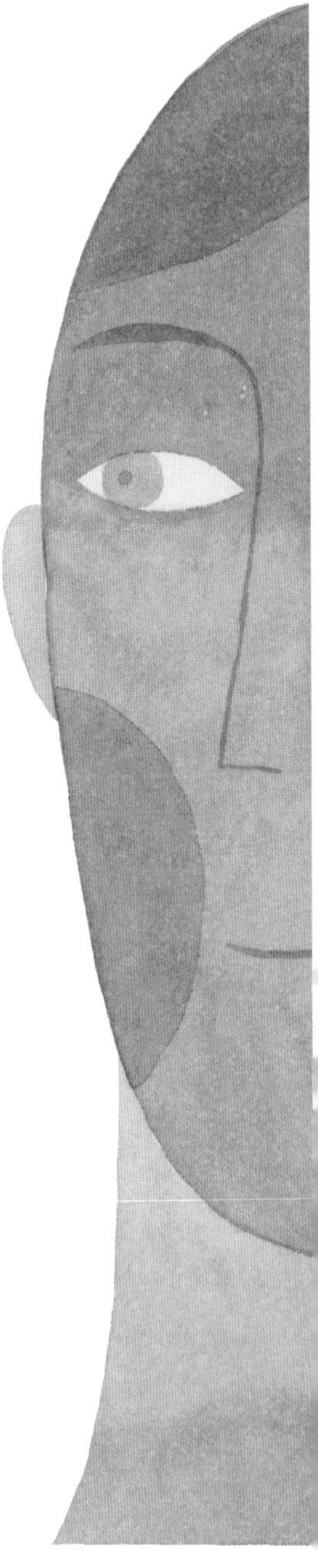

22 「おざなり」「なおざり」はどう違う？

言い間違いをしては困る局面、というのがあります。「ここ一番」という時に言い損なうほど残念なことはありません。

ドイツの会社での話です。新社長就任の祝賀会で、社員が乾杯の音頭を取りました。ところが、「さあ、乾杯しましょう」と言おうとして、つい「げっぷしましょう」と言ってしまったのだそうです。

日本語ではありえませんが、ドイツ語では「乾杯」と「げっぷ」が似ているので、下品な言い間違いになったというわけです。昔、ドイツ文学者の高橋義孝《たかはしよしたか》が紹介していた話です。

日本語でこのように言い間違いやすいことばの代表と言えば、さしずめ「おざなり」と「なおざり」でしょう。

たとえば、部下を集めて注意を与えようとする場面。「お客さまに対しては、挨拶《あいさつ》を丁寧にしなさい」という意味で、「おざなりな挨拶ではいけない」と言おうとした。ところが、「なおざりな挨拶」のほうが適切なような気もしてきて、混乱してしまった――。ありがちな話ではないでしょうか。

❖意味も音もそっくり

「おざなり」「なおざり」は意味が似ています。使われている音も、順番が違うだけで共通しています。どっちがどっちの意味だったか、分からなくなるのもやむをえません。

語源を考えてみると、一応は区別の役に立ちます。

「おざなり」は、漢字で書けば「お座形」。お座敷で、その場だけ取り繕った形のことです。つまり、いい加減な間に合わせということです。

一方、「なおざり」の「なお」は、「今なお」の意味。「ざり」は「あり」とも「去り」とも言われます。「今なお、そのままにある」が語源だと考えておきます。つまり、対策もせずにほうってあることです。

このように考えると、いい加減な挨拶のことは「おざなりな挨拶」と言うのが適切です。「なおざり」のほうは、「安全対策をなおざりにしている」のような使い方がしっくりきます。

❖後ろとセットで覚えよう

ただ、実際の会話の場面で、語源までさかのぼって確認する余裕はないのも確かです。実は、もう少し簡単な区別の方法があります。それは、後ろの部分に注目することです。

多くの場合、「おざなり」は「おざなりな」の形で使います。また、「なおざり」は「なおざりにする」の形で使います。そこで、「おざなりな・なおざりにする」と覚えておくといいでしょう。

たとえば、「○○な対応」ならば「おざなりな対応」。また、「事後のケアを○○にする」ならば「なおざりにする」です。前後の文脈でことばを区別できることもあるのです。

ポイント

「おざなり」は、お座敷でその場を取り繕った形が語源。
「なおざり」は、今なおそのままにある、が語源。
使い分けは、「おざなりな」「なおざりにする」と覚えよう。

23 「重い」「重たい」1字の有無で違いは？

他人からもらう意見は貴重です。あるとき、先輩からとても考えさせられるアドバイスをもらったとします。そのことを文章に書くとしたら、

「重い一言をいただいた」

「重たい一言をいただいた」

この2つのうち、どちらの表現がよりよいでしょうか。

「重い」と「重たい」の違いは「た」の有無にすぎないようにも見えます。大した違いはない、という気もします。

たしかに、どちらも似ています。大きな荷物を運ぶときは、「重いな

あ」とも「重たいなあ」とも言います。また、沈黙が続く場面では、「空気が重い」とも「空気が重たい」とも言います。違いはまことに微妙です。

ただ、ことばが違えば、必ずどこかに意味の違いがあるものです。「重い」「重たい」は完全に同じではありません。

❖おもりの場合は「重い」を使う

2つのおもりを比べる場面を考えてみましょう。「AはBより10グラム重い」とは言いますが、「AはBより10グラム重たい」とは言いにくいはずです。重さを客観的に表す場合は「重い」のほうが自然です。

一方、「重たい」は、単に重さを表すだけでなく、ある意味合いが加わっています。「重くて疲れる、苦痛を感じる」という、ネガティブな意味合いです。

つまり、先ほどの「荷物が重いなあ」は重量感を表すのに対し、「荷物が重たいなあ」は「いやだなあ」という気持ちが加わっています。微妙ですが、意味は明白に異なっています。

先輩からもらったアドバイスを「重たい一言」と言うと、何だか気疲れがする一言、という感じがします。「重い一言」と言うと、ずしっと重量感のある一言、という感じがします。したがって、ここでは、「重い」のほうがふさわしいでしょう。

❖「会議が眠たい」にどんな意味合いが？

「眠い」と「眠たい」の違いも、これと似ています。「眠たい」のほうは、単に眠いだけでなく、苦痛な気持ちを表します。

「会議の時、とても眠かった」と言う人は、単に睡眠不足だったのかもしれません。一方、「とても眠たかった」と言う人は、会議が退屈で苦痛だったのかもしれません。ちょっと大げさかもしれませんが、そういう語感があることは確かです。

「重たい・眠たい・煙たい……」などの「たい」は、古語の「いたし」（甚だしい）が語源です。「いたし」は「痛し」と同じで、「苦痛を感じるほど程度が強い」ということです。その意味が、今の「重たい」などのことばにも残っていると考えられます。

ポイント

「重たい」の「たい」は、「苦痛や気疲れを感じる」という意味を表わす。「たい」には精神的な苦痛が隠れている。

24 「到着次第」か「到着し次第」か？

国語辞典の編集会議の席で、「到着次第、ご連絡します」という用法は俗っぽいのだろうか、ということが話題になりました。

何のことか分かりにくいでしょうか。「到着次第」の「次第」の使い方が、はたして伝統にかなっているかどうか、という問題です。

ある国語辞典では、「到着次第」は俗な言い方だ、「到着し次第」と「し」を入れるべきだと説明しています。本当にそうなのでしょうか。

「いやあ、僕は『到着次第』が俗だとは思わないけどなあ」

会議でそう言われたのは、近代日本語研究の大御所の先生です。先生が言われるなら間違いなさそうですが、念のために調べてみましょう。

❖理屈で考えれば「し」が入るが……

ここでの「次第」は、「○○したらすぐ」という意味を表します。「着き次第」「帰り次第」などと同じ用法です。

「着き次第」「帰り次第」の「着き」「帰り」は、文法的には連用形といわれるものです。連用形とは、「着きます」「帰ります」のように「ます」をつけられる形です。

「到着」の場合、「ます」をつけると「到着します」になるので、連用形は「到着し」です。これに「次第」をつけ加えると、たしかに「到着し次第」と「し」が入るんですね。まさしく、ある国語辞典の言うとおりになりました。

❖漱石や鷗外は「し」を入れなかった

なるほど。説明は分かりました。でも、理屈で考えられることが、必ずしも現実を反映しているとは限りません。

実際のことばの歴史はどうだったのでしょうか。

明治・大正の用法を見ると、「次第」は「○○次第」の形で使われているのが普通です。

たとえば、〈帰京次第今晩にも〉（木下尚江《きのしたなおえ》）、〈右は発見次第御報道可仕候《つかまつるべくそうろう》〉（夏目漱石《なつめそうせき》）、〈全快次第出勤せい〉（森鷗外《もりおうがい》）など。近代の使い方を見るかぎり、「○○し次第」より「○○次第」が一般的です。

江戸時代はどうでしょう。松尾芭蕉《まつおばしょう》の門人の手紙の中には、「帰宅次第」とか、「出板（出版）次第」とかいった例が見られます。「帰宅し次第」ではありません。手紙なので、読むときにどう発音したか、よく分かりませんが、おそらく漢字のとおりに読んだのでしょう。

つまり、「到着次第」のような言い方が俗だ、などということはありません。漱石や鷗外のまねをしようと思ったら、むしろ「到着次第」を使ったほうがいいくらいです。

結論として、「到着次第」「到着し次第」のどちらでもいいことになります。平和な結論を得ることができました。

ポイント

文法的には「〇〇し次第」とも言えるけれど、明治の文章家たちが「〇〇次第」を使っていた例もある。つまり、どちらでもいい。

25 「当面の間」か「当面」か？

２０２０年に日本国内で新型コロナウイルスの感染が拡大し、人々の行動は大きく制限を受けることになりました。街の飲食店などでは「当面の間《あいだ》、休業します」という貼り紙が目につきました。

この「当面の間」の「間」はいらないのでは、という質問を、放送局のアナウンサーから受けたことがあります。「当面」だけでも通じる、「間」をつけるのは重言《じゅうげん》（重ねことば）ではないか、というのです。

たしかに、「当面の間」は語感がおかしい、という意見もあります。でも、「間」をつけることで期間、時間の幅を強調しており、これも十分に成り立つ言い方です。

❖「当面」は面と向かうこと

「当面」とは本来、面と向かうことを言います。「困難に当面する」というような言い方が戦前からありました。「直面」に近いですね。また、「当面の問題」は「自分が今直面する問題」ということ。現在のことを言っています。それが、やがて意味が広がって、「当面の生活費」のように「こしばらく」の意味で使うようになりました。

さらに、戦後になると、「当面、保証する」のように、「当面」だけで副詞として使うようにもなりました。つまり、「当面、○○する」という言い方自体、けっこう新しいんですね。この場合の「当面」は、「当分」「しばらく」に近い意味を持ちます。

「当分」や「しばらく」は、「当分の間」「しばらくの間」と言い換えられます。一定の期間、時間の幅が感じられます。このような言い方には、「間」をつけることができるのです。

一方、「さしあたり」「とりあえず」など、一時的な意味合いが強いことばは、「間」をつけにくいようです。私が調べた範囲では、「さしあたりの間」の例はなく、「とりあえずの間」も多くはありませんでした。

❖時の言い方も時代により変わる

では、「当面」はどうかと言うと、もともとは現在のことについて言ったので、

「さしあたり」と同じく「間」をつけにくいことばでした。でも、今はある程度の幅が感じられるようになり、「当面の間」はごく普通に使われるようになりました。

時を表す言い方も、時代によって変わります。ごく短い時のことを、明治・大正時代には「一瞬の間《あいだ》」と言っていました。それが、現代では多く「一瞬のうち」と言うようになりました。「間」では、なんだか間延びした感じがするので、「うち」を使うのかもしれません。

「当面」を「当面の間」と言うようになったのは、ちょうどこれと逆の現象です。

期間がある程度延びそうな感じを、「間」ということばによって強調しているものと考えられます。

ポイント

「当面」はもともと現在のことを言うのに使われたけれど、「ここしばらく」といった幅のある期間も示すようになり、「間」をつけられるようになった。

26 「あと」「のち」どっちを使うか？

「角田」と書く名字の人は、カクタさんか、スミダさんか、ツノダさんか、当人に聞いてみないと分かりません。漢字の読みは難しい。

こういう例は、一般の単語にもあります。ごく簡単なはずの漢字の読み方が、意外に難しいんですね。よく経験することです。

たとえば、「人生の辛さを味わった」と書いてあった場合、「つらさ」なのか「からさ」なのか。これだけでは、どちらとも決めることはできません。こういうときは、筆者が横にルビを振っておくのが親切です。

私がいつもつい迷ってしまうのは、「後」の読み方です。

「計画についての説明があった後、満場一致で承認された」

今、あなたはこの文の「後」を何と読んだでしょうか。私は小さい時「ご」と読んだ気もしますが、それはさすがに不適切でしょう。すると、「あと」か「のち」か。どっちでもいいような気もするし、一方が望ましいような気もします。

また、こんな文もあります。

「彼が無実だと分かったのは、後のことだった」

この場合の「後」は、どう読むでしょうか。これも、「どっちでもいいよ」という声が聞こえてきそうです。まあ、そうかもしれませんが、あえて違いを考えてみたいのです。

❖文章の硬さだけでなく、意味も違う

「あと」と「のち」は、2つの点で違いがあります。

第1は、「あと」は日常語、「のち」は硬い文章語という違いです。やさしい文章では「あと」、改まった文章では「のち」を使うと、しっくりきます。

たとえば「勉強をすませた後、遊びに行きました」という文。日常生活についての、ごく簡単な説明です。こういうときは「あと」が似合います。先ほどの「計画についての説明があった後」も、「あと」でかまいません。ただ、これは会議についての報告なので、堅苦しく「のち」でもいいでしょう。つまり、どっちでもいい。

第2の違いは、意味に関わることです。「あと」は、直後を含みますが、「のち」は直後を含まないのです。

これは「すぐ」をつけて実験すると分かります。「すぐあとで来ます」とは言えますが、「すぐのちに来ます」とは言いにくい。「のち」は、しばらく経たないと使えないのです。

そう考えると、「彼が無実だと分かったのは後のことだった」は、状況によって、読み方が変わります。すぐに無実だと分かったのなら「あと」、かなり経って分かったのなら「のち」と読むことになります。

ポイント
やさしい文章では「あと」、改まった文章では「のち」。ただし、「直後」を表すときは「あと」、しばらく経ったことを表わすときは「のち」がより自然。

27 「以後気をつける」?「以降気をつける」?

大事なビジネスの場で、うっかり大失敗をしでかしてしまった。そんなときは、もちろんおわびが必要です。

「申し訳ありません、以後、気をつけます」

――これでいいのかなと、おわびした本人は迷いました。「以後」ではなく「以降、気をつけます」のほうがいいような気もする……。「以後」と「以降」、使い分けが難しいですね。

両者の意味は非常によく似ています。どちらを使っても大きな問題は起こらないでしょう。ただ、それぞれ観点が違うことばです。その違いを知っておくと、ことばが選びやすくなります。

では、どう違うのか。国語辞典を引くと、分かるような、分からないような、微妙なことが書いてあります。私はもっとすっきりと、2つのポイントを指摘しておきます。

❖「以前」「以後」を対比して使う

第1は、「以後」は「以前」と対比する場合に使うということです。たとえば、「明治以前はこうだったが、明治以後はこう変わった」というふうに。「明治以前」とは江戸時代の終わりまで、「明治以後」は明治維新から後を指しています。

「以後、気をつけます」もこれと同じで、「以前は失敗が多かったが、以後、私は変わります」という意味になります。実際の使用例を調べると、「以後、気をつけます」と言うほうが、「以降……」よりも圧倒的に多いのです。どちらも間違いではありませんが、「以後」のほうが変化を感じさせるため、使いやすいのかもしれません。

第2のポイントは、「以降」は、ある時点から後、ずっと続く場合に使うということです。「以後」は、「明治以後、昭和以前」のように終点を設けることができますが、一方、「以降」は、ずっと続くのです。

❖「以降」は長い幅を感じさせる

予定の話をするときによく使うのは「以降」です。「彼は5時以降に帰ります」と言うと、「5時から後、深夜になるかもしれない」という意味合いが生まれます。「以降」は終点がなく、長い幅を感じさせます。

「彼は5時以後に帰ります」と言ってもいいのですが、これだと、「5時以前」と対比しているような感じがします。予定の話で「以前」「以後」を比べる必要はないので、「以後」はあまり使われないわけです。

類義語に「以来」もあります。これも「以降」と同じく、ずっと続く場合に使います。ただ、「昨年以降続く好調」と「昨年以来続く好調」を比べると、「以来」のほうが「今までのところ」という感じがにじみ出ます。「以来」は今まで続くことを表すだけで、今後も続くかどうかは分からないのです。

ポイント

「以後」は、「以前」と対比する場合に、「以降」は、ある時点から後、ずっと続く場合に、「以来」は、ある時点から今まで続いている場合に使う。

28 「苦笑」「失笑」「爆笑」……笑いって難しい

笑いを表すことばの意味を聞かれることがよくあります。笑いというのは複雑で、どんな気持ちで、どんなふうに笑っているか、字面だけでは理解が難しい部分があるのでしょう。

たとえば、「苦笑」はどんな笑い方でしょうか。「苦笑い」とも言います。私自身の感覚を交えて説明するならば、「不愉快だけど、笑うしかないときの笑い」といったところです。

たとえば、ある人が成績の悪い子どもを叱ったら、「しかたないよ、遺伝だから」と言い返された。怒りたいのに、一本取られて笑ってしまった。

そんなとき、「生意気な言い訳に、つい苦笑した」と表現します。

インターネットを見ると、これとは違うニュアンスで「苦笑」を使う人もいます。「これから残業です」と言う相手に対して、「がんばってくださいね（苦笑）」のように「苦笑」をつけて返事をするのです。

この場合、自分はべつに不愉快ではありません。むしろ、大変なのは残業をする相手です。笑えない状況だけど、苦し紛れにあえて笑う感じを「苦笑」と言っています。これは21世紀になって目立つ用法です。

❖失笑の「失」はもらすという意味

あるいは、「失笑」の意味もよく問題になります。「失」は、ここでは「もらす」ということ。相手を少しばかにして、ふっと笑いをもらすのが「失笑」です。

たとえば、汚職を追及された政治家が、バレバレの情けない言いのがれをした。そんなとき、「彼の言い訳は世間の失笑を買った」などと表現します。

文化庁の調査によると、「失笑」を「笑いを失う」の意味だと考える人もいるそうです。あきれすぎて笑えない、というわけでしょうか。ただ、私が見るかぎり、実際にこの意味で使った例は多くなさそうです。

❖爆笑はひとりでもできるのか

最後に「爆笑」について触れます。ひと頃、クイズ番組などで「爆笑」の意味が出題されることがよくありました。解説によると、「大勢が一度にどっと笑うのが爆笑。ひとりでは爆笑はできません」と言うのです。

不審に思って調べると、「爆笑」が広まった昭和初期から、大勢でも、ひとりでも、爆笑する例はありました。ひとりの武士が「爆笑を、抛《な》げつけた」という小説の表現もありました。

私が携わる『三省堂国語辞典』では、「爆笑」について、もともと笑う人数は何人でもよかった、と説明しています。そのせいもあってか（?）、最近のクイズ番組では「爆笑」を出題しなくなったようです。

ポイント

「苦笑い」は、不愉快だけど笑うしかないときの笑い。
「失笑」は、相手を少しばかにして思わずもらす笑い。
「爆笑」は、どっと笑うことで、何人で笑うかは関係ない。

29 「景色」「風景」「光景」似ているようで違う

一見似たことばでも、区別して使っていることがあります。たとえば、「風景」と「光景」。どちらも目の前に広がるものですが、私たちは何となく使い分けています。一体、どこが違うのでしょうか。

以前（２００６年）、国立国語研究所の研究内容を紹介した新聞記事で、「風景」「光景」が取り上げられていました。それによると、「風景」は「授業風景」「パノラマ風景」と複合語になるのに対し、「光景」はそうならないそうです。たしかに、「授業光景」とは言わないですね。

でも、これだけなら、ことばの続き具合の問題で、あまり面白くありません。意味の面ではどうなのでしょう。

答えを出す前に、比較することばをもうひとつ用意します。「景色」です。これも「風景」や「光景」と似ています。

静的な「景色」と意味の広い「風景」

「景色」とは、動きを意識しない眺めを言います。「野山の景色」「山頂から見た街の景色」など、ちょうど写真や絵のような、静的な眺めです。「子どもが遊び回る景色」などとは言えません。動的なものには「景色」は使えないのです。

その点、「風景」は意味が広いことばです。「野山の風景」など動きを意識しない眺めにも使えるし、「子どもが遊び回る風景」など動きのある眺めにも使えます。先ほどの新聞記事で「授業風景」と言えたのも、「風景」が授業のように動きのある場面を表現できるからです。

では、「光景」はどうでしょう。「野山の光景」とはちょっと言いにくいですね。「光景」は、動きのないものを表しにくいのです。「街の光景」は言えそうですが、この場合は、人や自動車が行き交ったり、ビルがどんどん建設されていったりという、動きのある眺めを表します。

❖「光景」は動的でしかも注意を引く

しかも、「光景」が表すのは、人の注意を引き、印象に残る眺めです。平凡なものは「光景」ではありません。行き交う自動車のスピードや、街並みの変わりようが印象深いとき、「街の光景が、強く私の記憶に残った」のように表現します。

ある本の中で、次のような文章を目にしました。

〈農村を縫って建設中の高速道路は山林の風景に似つかわしくなくやや異様な光景だ〉

ここには「山林の風景」と、「（高速道路の）異様な光景」という2つの表現が出てきます。「風景」は静的な山林を表現し、「光景」は注意を引く動的な高速道路を表現しています。

「景色」「風景」「光景」というよく似た3語はきちんと使い分けられています。見事な役割分担に、つくづく感心してしまいます。

ポイント

「景色」が静的な眺めに使われるのに対し、「風景」は静的な眺めにも、動的な眺めにも使われる。「光景」は印象に残る動的な眺めに使われる。

30 「3階」の「階」は清音か濁音か？

ある女性が、友人とエスカレーターに乗った時のことです。

「次、サンガイ（3階）だね」

彼女がそう言うと、友人は意外な顔をしました。「サンガイ」が耳慣れない様子です。「それ、方言？」と聞き返されてしまいました。

女性は九州、友人は東京の出身です。おそらく、その友人は「サンカイ」と言うのでしょう。

では、「サンガイ」は方言なのでしょうか。そんなことはありません。

NHKの最新版のアクセント辞典を見てみましょう。「階」の数え方の所に「イッカイ・ニカイ・サンガイ……」と書いてあります。「サンガイ」の「ガ」は、正確には鼻にかかる鼻濁音で、「カ」の右上に「゜」をつけて表現しています。

つまり、NHKアナウンサーは「サンガイ」と発音するのです。この女性の言い方のほうが放送用語に近いわけですね。

❖若い世代ではサンカイが多い

では、「サンカイ」はいけないのか。そうとも言えません。文化庁が1997年12月に行った調査では、たしかに約7

割が「サンガイ」で多数派でした。「サンカイ」は約2割で少数派。ところが、九州の結果を見ると、約7割が「サンカイ」と答えたそうです。先ほどの九州出身の女性が「サンガイ」と言ったのは、九州人としてはむしろ少数派かもしれません。

さらに、当時の若い世代のうち、約5～6割は「サンカイ」を使うと答えました。それから約20年経ち、「サンカイ」はさらに一般化しているはずです。若い世代に分かりやすくするためには、むしろ「サンカイ」がいいとも言えます。

❖新しいことばは濁らないことも

古い時代にできた熟語は、「ウ」「ン」の下の漢字が濁音になるのが一般的でした。たとえば、仏教で3種の迷いの世界を表す「三界」は「サンカイ」でなく「サンガイ」と読みます。一方、比較的新しい時代にできた熟語は、「ウ」「ン」の下が必ずしも濁りません。「第3回」は「サンガイ」ではなく「サンカイ」と発音しますが、これは、回数の「回」が一般化したのが江戸時代以降だからです。

建物の「4階」は「ヨンカイ」であり、「ヨンガイ」とは言いません。これも「ヨン」という読み方が新しいからです。昔は「シカイ」と読んでいました。

現在、建物の階数で「ガイ」と濁るのは「サンガイ」だけです。「サンカイ」という発音は、他の階数の発音と統一したいという気持ちから生まれたものかもしれません。「サンカイ」という新しい発音にも、それなりの合理性があるのです。

ポイント

「3階」は古来のルールでは「サンガイ」だが、「3階」以外の階数はすべて「カイ」と読むので、発音を統一しようと「サンカイ」が生まれたのかもしれない。

31 日本は「ニッポン」?「ニホン」?

井上ひさしは日本語に関する文章を多く残した作家です。週刊誌の読者から寄せられたことばの疑問に対する回答が『井上ひさしの日本語相談』としてまとまっており、読み継がれています。

この本が２０２０年秋、新装版として朝日文庫から刊行された際、私は解説を担当しました。久しぶりに彼の回答を読み返し、ことばに対する温かなまなざしを改めて感じました。

質問の中に、「日本」の読みは「ニッポン」「ニホン」のどちらか?と問うものがありました。井上は、遅くとも室町時代にはどちらもあったことを示し、〈なかなか由緒のある二本立てなのですね〉とシャレで返しています。ことばに唯一の正解があるわけではない、という彼の考え方を示した回答の一例です。

❖古い時代から両方あった

私も同じ考えです。「日本」は、もともと日の出る所、つまり東を表す「ひのもと」から来ています。古い時代、これを漢字で「日本」と書き、中国語の発音に基づいて「ニッポン」に近い音で読みました。

それから間もなく、「ッ」を発音しない「ニホン」が現れました。おそらく、すでに平安時代には「ニホン」はあったでしょう。

平安時代の文章を見ると、「日記《にっき》」は「にき」、「八講《はっこう》」は「はかう」などとなっていて、「ッ」（つまる音）に当たる文字が書かれていません。文字がなくても発音したとも考えられますが、当時の人の中には、つまる音が苦手で発音しない人も多かったでしょう。今でも「キャンディー」を「キャンデー」と言う人がいますが、特殊な音を避けるということは古くからあっただろうと推測します。

17世紀初めには、Nippon（ニッポン）、Nifon（ニホン＝当時の厳密な発音ではニフォン）とはっきり記したローマ字資料が現れます。でも、それ以前から「ニッポン」「ニホン」は両方あったと考えられます。

ちなみに、政府は２００９年６月、国名の読み方を「ニッポン」「ニホン」のどちらか一方に統一する必要はないと考えている、との答弁書を閣議決定しています。政府としても両方を認めているのです。

❖正解は必ずしもひとつでない

日本の国名の読みが２通りあっては落ち着かない人もいるかもしれません。でも、ことばには必ずしもひとつの正解があるとは限りません。その

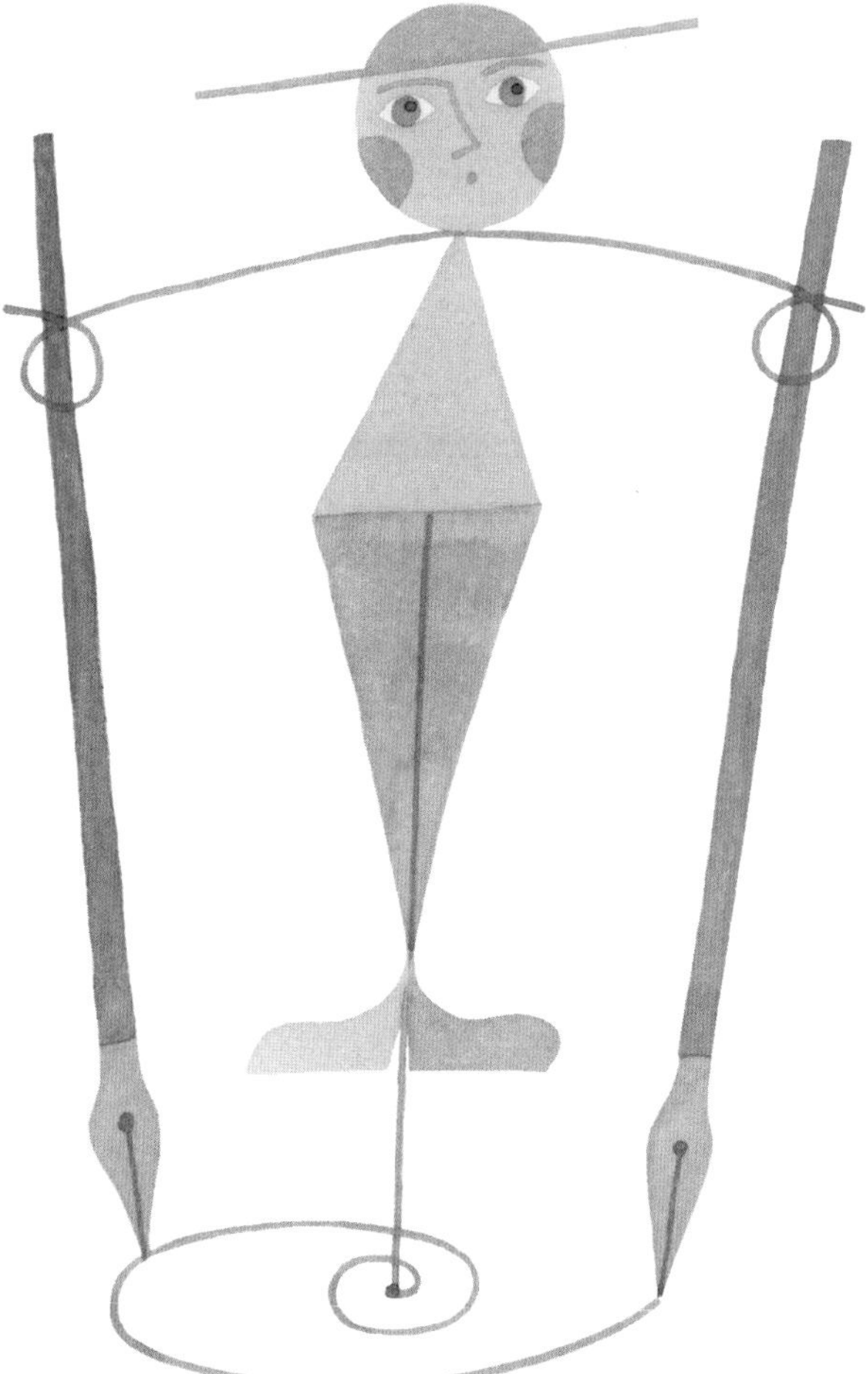

実例を国名が示してくれているのは、とてもいいことです。

私たちは、ともすると正解を求めます。時間の「4分」は「ヨンプン」か「ヨンフン」か。「三方」は「サンボウ」か「サンポウ」か。前者が伝統的ですが、今はどちらも一般的です。

迷ったときは、一応辞書で調べてみることは必要です。でも、ことばには世代差や地域差もあります。「日本」でさえ2通りに読めることを思い出せば、気が楽になることも多いのではないでしょうか。

ポイント

ことばには必ずしもひとつの正解があるわけではない。国名でさえ「ニッポン」「ニホン」の2通りの読み方がある。ひとつの正解を追い求めるのでなく、もっと気楽に行こう。

第4章 こわくない日本語

——正しさはあなたが決める

32 「ら抜きことば」を見分けるには？

「見れる」「食べれる」などの言い方が「ら抜きことば」として問題にされはじめてから、もう長く経ちます。「ら抜き」と呼ばれる理由は、もちろん、「見られる」「食べられる」の「ら」を抜いた表現だからです。

この言い方自体は戦前からありましたが、戦後になって特によく使われるようになりました。「ら抜きことば」という呼び名も、1980年代末から90年代にかけて広まりました。

単に「見られる」と言った場合、「人に見られる」という受け身の意味と、「見ることができる」という可能の意味が区別できません。それでは不便なので、可能の言い方が現れました。それが「ら抜きことば」というわけです。

とはいえ、正式の文章では「ら抜き」を使いたくないと考える人も多いでしょう。それもまた、ごく自然なことです。

❖「ら抜き」を区別できない人も

ただ、ここで困るのは、「ら抜き」の形と、本来の形とが、若い人には区別できなくなっているということです。いや、若い人に限らず、中高年の人だって危ないかもしれません。

「服を着れる」は「ら抜き」で、本来の形は「着られる」です。では、「髪を切れる」は「ら抜き」でしょうか。答えはノー。このように、同じ「きれる」なのに、一方だけが「ら抜き」だというのは、なんとも理解しにくい話です。

中学校の文法ではこう説明しています。「一段活用やカ行変格活用の動詞は、可能を示す場合『られる』をつける」

——多くの人にとっては「何のこっちゃ」でしょう。日常生活の中で、その動詞が何活用かなんて、ぱっと分かる人はごくわずかです。

❖「よう」がついたら「ら」もついた

「ら抜き」かどうかを、もっと簡単に区別する方法はないでしょうか。私は、こんな覚え方を提案しています。

「『よう』がついたら『ら』もついた」

つまり、こういうことです。「着る」という動詞は「さあ、着よう」と言えます。このように「よう」がつくことばの場合、可能形は「ら」がついて「着られる」となるのです。

一方、「切る」は「さあ、切ろう」となり、「よう」はつきません。こういうことばの場合、可能形は「ら」のつかない「切れる」の形になります。例外は「勉強しよう」などの「しよう」で、これは「しられる」ではなく「できる」と言います。でも、これは当たり前なので、考えなくていいでしょう。

私と共に国語辞典を編纂《へんさん》するNHK放送文化研究所の塩田雄大《しおだたけひろ》さんは、同じ趣旨のことを、放送の中でこう表現しています。

「『よう』には注意してください。要注意です」

やられました。ためになるダジャレです。

ポイント

「着よう」「見よう」は「着られる」「見られる」。

「よう」がついたら「ら」もついた、と覚えよう。

「よう」がつくことばは要注意。

33 「全然」の下は肯定も否定も「アリ」

「全然」という副詞ほど気の毒な日本語はありません。何しろ「日本語の誤用」が話題になるたびに、決まってその「誤用」の代表例として引っ張り出されるからです。

と言うと、思い当たるでしょう。「全然」の下は「全然面白くない」のように否定形になるべきなのに、「全然面白い」と肯定形になることがある。これは誤用だ——と言われるのです。

たしかに、会話ではよく「全然面白い」と言います。これは本当に誤用なのでしょうか。

そのことを述べる前に、まず、「全然」は歴史的に、肯定にも否定にも使われてきたことを説明しておきます。こう言うと驚く人がいますが、紛れもない事実です。

❖「全然反対」などと昔から使われた

「全然」は、明治以降に広く使われるようになったことばです。その当初から、次のような例があります。

〈「先生私はその説には全然反対です」と東風《とうふう》君はこの時思い切った調子で……〉（夏目《なつめ》漱石《そうせき》「吾輩《わがはい》は猫である」）

ここに「全然反対です」とあります。「全然反対ではありません」ではなく、肯定形です。このような使い方はごく一般的でした。「全然」の下は、肯定形も否定形もあったのです。

念のために、誰もが知っている例を挙げましょう。高校の国語で習う芥《あくた》川龍之介《がわりゅうのすけ》「羅生門」ではこう使われています。

〈この老婆の生死が、全然、自分の意志に支配されていると云《い》う事を意識した〉

こういう言い方は昔からありましたが、戦後になって、急に「『全然』の下は否定形が正しい」と言われはじめました。理由は簡単で、戦後「全然〜否定形」が一般化したため、少数派の「全然〜肯定形」のほうが誤りだと勘違いされたのです。

❖相手の心配を打ち消す意味も

今日でも、「全然〜肯定形」は日常会話でさかんに使われます。これは、それなりに必要があってのことです。

たとえば、次のような場面を考えてみましょう。ある人が漫画を描いたのですが、どうも自分では面白くないような気がする。そこで、友だちに読んでもらいました。

「ね、面白くないでしょ」

「いいや、全然面白いよ！」

この例では、「全然」は「そんなことはまったくない」と、相手の心配を打ち消しています。「全然心配なくて、面白いよ」ということです。こういう使い方をする副詞は、ほかにはありません。

「全然～肯定形」は昔からあったし、今も、ほかのことばには代えられない使い方を持っています。これを誤用ということはできないのです。

ポイント

明治以降、「全然」は肯定にも否定にも使われてきた。
戦後、「全然～否定形」が一般化したため、
「全然～肯定形」は誤用と勘違いされてしまった。

34 何でも1個、数え方は単純化する？

学年が1年上、または年齢が1歳上の人のことを「1個上の先輩」と言うことがあります。「彼と私は2個違う」などとも言います。違和感を抱く人もいるかもしれません。

この「1個」が広まったのは1990年代に入ってからのことです。雑誌の読者が〈妙に耳障りな言い方〉と投書で指摘しています。新しい言い方のようですが、実はもう30年は使われていることになります。

どうして「1歳」を使わないのか、と批判する人もいました。でも、自分の年齢を言う場合、若い人でも「私は18歳です」と言い、「18個です」

とは言いません。学年差、年齢差の場合に「1個」を使うのです。ことばをより厳密に使い分けるようになったとも言えます。

多くて複雑な日本語の助数詞

「1個」「1本」「1枚」「1匹」「1頭」など、日本語の助数詞は種類が多く、複雑です。戦後、英語学者の宮田幸一《みやたこういち》は、人間は「1人」、動物は「1匹」、立体は「1個」「1つ」などに統一されていくだろうと予想しました。たしかに、種類は少ないほうが、覚えるのは簡単です。

私自身も古い数え方はあまり使いません。釜《かま》は「1口」、たんすは「1棹《さお》」、ちょうちんは「1張り」だそうですが、会話の中でとっさに出てくるかどうか。結局「1個」などですませてしまうかもしれません。

昆虫のチョウは、専門的には「1頭」と数えることがよく話題になります。動物の個体数を head で表していたのが由来だそうですが、一般人はもちろん「1羽」を使っています。

全体として、物の数え方は単純化に向かっているのではないか。そんな気もします。

❖使い分けるとうまく伝わる

ただ、将来「1人」「1匹」「1個」「1つ」にまで単純化するかというと、そうはならないでしょう。助数詞は、情報を誤解なく伝えるのに大切な役割を果たしているからです。

菓子店で、アップルパイを「1台」と記しているのを見て驚いたことがあります。自動車みたいですね。この「1台」は、まるごとのパイを表します。一方、カットしたパイは「1個」「1切れ」です。助数詞で商品の状態が区別できるのです。

海のタコも、泳いでいる状態は「1匹」ですが、水揚げすると「1杯」

です。「タコ1匹」か「タコ1杯」かで話が変わります。両者を使い分けると、話が伝わりやすくなります。

助数詞は複雑ですが、うまく使えば、とても便利です。おそらく、将来の日本語でも大いに活躍し続けることでしょう。

ポイント

日本語の助数詞の種類が多いのは、そのものの状態を区別して、誤解なく伝えるため。今後も極端に単純化されることはなく、使われ続けるだろう。

35 ことばを重ねた重言、楽に考えよう

ずっと以前のことです。インターネットで「あることばに違和感を感じる人がいる」と書いたところ、読者から「違和感」と「感じる」が重なっている、と指摘を受けました。

「昔の辞書編纂《へんさん》者なら、そんなことば遣いはしませんよ」

と、その読者は、ある有名な辞書編纂者の名前を引き合いに出して苦言を呈しました。

「本当かな」と思い、その編纂者が書いた文章を調べてみました。すると、「○○感を感じる」と書いた例がありました。〈抵抗感が感じられない〉

〈緊迫感を感じる事無く〉のように。それなら、「違和感を感じる」も許してもらえるはずです。

２００５年、日本語関係の本が「違和感を感じる」を取り上げ、注目を集めました。この本では〈あまり不自然ではない言い方〉と述べていますが、ちょうどこの前後から、「違和感を感じる」への批判が強くなりました。「罪悪感を感じる」「親近感を感じる」は問題にされないのに、「違和感を感じる」だけが目の敵にされるという、おかしなことになりました。

❖重言にも段階がある

同じ意味のことばが重なった表現を「重言《じゅうげん》」と言います。典型的なのは「馬から落馬する」という言い方。「馬から落ちる」と言えば十分で、「馬」がひとつ余計です。「頭痛が痛い」というのも、なんだか変ですね。

ただ、重言はどれもダメというわけではありません。「大学に入学する」「金賞を受賞する」「死刑を求刑する」などはよく使われますが、特に批判されません。重言をすべて否定すると、話ができなくなります。

重言は、珍しくて奇異に感じられるものから、誰もが使っていて気にならないものまで段階があります。ことばは結局、多数決で決まるのです。

❖強調効果などメリットも

重言にはメリットもあります。「二度と再び繰り返しません」という文は、「二度と」「再び」が重なっていますが、

強調の効果があります。また、「このせりふは、ことばを重ねて重言になっている」と言うと、「ことばを重ねて」の部分が余計に見えますが、これは説明のためにつけ加えているのです。

「違和感を感じる」を避けて「違和を感じる」と言う人もいます。でも、「罪悪を感じる」「親近を感じる」が変なのと同じで、やはり不自然です。また、「違和感を覚える」と言う人もいますが、「覚える」は「感じる」の硬い表現で、結局同じです。

考えてみると、「歌を歌う」「踊りを踊る」だって、重言と言えば重言です。重

なっていればすべて悪いわけではありません。重言をタブー視せず、もっと楽に考えてはどうでしょう。

ポイント

ことばを重ねた「重言」を気にする人が多いが、どの重言もダメというわけではない。伝えたいことを強調したり、説明したりするためには有効。

36 「普通においしい」って、どんな意味？

「このケーキ、普通においしい」

若い世代がわりあいよく使うことばです。意味が分からない、という上の世代からの声も聞きます。「普通においしい」と言う場合、一体、評価は普通なのでしょうか、それとも高いのでしょうか。

べつに曖昧《あいまい》な表現というわけではありません。この用法が一般に広まったのは21世紀に入った頃のこと。もうすでに20年ほどの歴史がある使い方です。これだけ長く愛用され続けているということは、それなりに一定した意味・用法を持っているということです。

この「普通」の使い方を初めて耳にして以来、いろいろな実例を集めてきました。多く目につくのは、「普通においしい」「普通に可愛い」など、褒めていると思われる例です。一方、「裏切られて普通にショックだ」「不安で普通に胃が痛い」など、マイナスの状況を表現する例もあります。混乱しそうですが、実はちゃんと一本筋が通っています。

❖特別な条件をつけない表現

これらの例に共通するのは、「何か特別な条件をつけていない」というところです。

人を褒めるのは難しいものです。友だちの作ったケーキが専門店並みにおいしいとは言えない場合でも、いい所を見つけて褒める必要があります。「(少し甘すぎるけど)甘い物好きの私にはおいしい」とか、「(味はともかく)愛情がこもってるね」とか。何かと条件がつくのです。

ところが、そんな条件をつけなくても、率直に褒めたくなる場合がありますます。「普通に」は、そんなときに使います。「このケーキ、普通においしい」は、何も条件をつける必要がなく、文字どおりの意味でおいしい、ということ。「普通に可愛い」も、無条件で可愛いことです。

❖意外に昔からある使い方

マイナスの表現も同様です。他人に裏切られたとしても、損害が少なかったりして、あまりショックでない場合もあるかもしれない。でも、今回に関しては特別の事情はなく、とてもショックだ。それを「普通にショック」と言うのです。「普通に胃が痛い」も、特別の事情はなく、とても痛いのです。

「変な言い方だ」と思われるかもしれません。でも、意外に昔からある使い方です。

夏目漱石《なつめそうせき》「虞美人草《ぐびじんそう》」の中で、博覧会の混雑について、登場人物が〈どうも怖《おそ》ろしい人（＝人出）だね〉と言う場面があります。その後の文章で、〈怖ろしいとは、本当に怖ろしい意味でかつ普通に怖ろしい意味である〉と説明されています。「普通に怖ろしい」、つまり、特別の意味でなく、文字どおりの意味で怖ろしいと、漱石は言っているのです。

ポイント

「普通に○○」は、特別な条件をつけていないときに使う。
「普通においしい」は褒める言い方で、
無条件に、文字どおりの意味でおいしいということ。

37 「大丈夫です」は新しい婉曲表現

「若い人の『大丈夫です』という受け答えが気になる」という、年配の人の意見をよく聞きます。たしかに、昔にはなかった使い方です。

私が「大丈夫」の新しい用法に気づいたのは2003年の夏でした。銀座のレストランで、店員さんに尋ねられました。

「お箸《はし》をお下げしても大丈夫ですか?」

それまでなら、「よろしいですか」「かまいませんか」などと言っていたところです。

新しい用法の「大丈夫」が多く報告されだしたのはこの頃からです。たとえば、同じ年、新聞に「(出先から電話で)私に何か連絡ありますか?」「大丈夫です」という例が載っていました。これは「特にありません」と言い換えられます。

❖もともとの意味は「力強い男子」

「大丈夫」はもともと「力強い立派な男子」の意味でした。そこから、そんな男子のように心配がない様子を指すようになりました。「台風が来ても大丈夫」「壁にぶつかったが大丈夫」などと使います。深刻な事態にはならないということです。

そこから用法が広がり、「よろしい」「問題ない」といった新しい意味が生まれました。「お箸をお下げしても大丈夫ですか?」というのもその意味です。決して「お箸を下げると深刻な事態になりませんか?」と聞いているわけではありません。

「大丈夫」には、さらにまた別の用法も現れています。お茶を飲んで行かないか、と誘われた人が、こう答えます。

「大丈夫です。もう帰るので」

この場合、一緒にお茶を飲むことを「よろしい」とOKしたわけではありません。「飲まなくてもよろしい」、つまり、NGだと言っているのです。

❖「けっこう」に代わって使われる

こんな答え方をされては、OKなのかNGなのか分からない、と不満に思う人も多いでしょう。曖昧《あいまい》な表現なのは確かです。ただ、上記の場合は「もう帰るので」と言っている以上、文脈でNGと分かります。

「大丈夫」よりも前から使われていた婉曲《えんきょく》表現として「けっこう」があります。これもOKかNGかをぼかした言い方です。「けっこうですね」ならOK、「けっこうです!」と言い切ればNGという、微妙な違い。

この「けっこう」はやがて、NGの場合に使うことが多くなり、きつい印象のことばになってしまいました。そこで、「けっこう」に代わる新しい婉曲表現として、「大丈夫」ということばが使われるようになりました。つまり、「大丈夫」は「けっこう」の後継者なのです。

ポイント

「大丈夫」は本来「力強い立派な男子」という意味。
いつしか「よろしい」「問題ない」という意味が生まれ、
さらに「けっこう」に代わる表現として使われるようになった。

38 「よろしかったでしょうか」と言うわけは？

レストランの店員たちが「ご注文は以上でよろしかったでしょうか」と聞くことが批判されはじめたのは、１９９０年代末からのことです。正しくは「よろしいでしょうか」だ、と指摘されるようになりました。

「た」は、普通は過去を指すのに使います。「赤かった」「面白かった」など。注文を確認しているのは現在だから、過去形にする理由がない。たしかに、そういう意見も分かります。

ただ、文法的におかしいと思われる表現も、理由なく生まれるものではありません。「よろしかったでしょうか」が話題に上りはじめた頃から、日本語学者は、この現象を合理的に解釈すべく、研究を進めました。

❖東北などでは違和感が少ない?

NHK放送文化研究所の塩田雄大《しおだたけひろ》さんは2002年、この言い方を聞いたことがある人が北海道・愛知県に多いことを報告しています。なかなか興味深い事実です。

東北・北海道では、「社長いる?」の意味で「社長いた?」と過去形を使います。この「いた」は「確かにいる」という意味です。こうした地域では「よろしかったでしょうか」にあまり違和感はないでしょう。

北海道・旭川の動物園に行った時、窓口で「旭川の方ではなかったですか」と過去形で聞かれました。「旭川の方ではないですか」という意味の方言と思われます。市民なら特別料金で安く入れるので、窓口の人が丁寧に確認してくれたのです。

愛知の方言にも似たところがあります。店員が「よかったですか」と聞くのが名古屋の喫茶店の特徴だと、１９９０年代の本に出ています。私も90年代に名古屋の店でこう聞かれ、印象に残りました。これも丁寧に確認しているのでしょう。

❖確認するために「た」を使っている

方言だけではありません。全国共通語でも、「た」を確認に使うことがあります。

「あしたは土曜日だった？」

未来のことに「た」を使います。自分が誤解していないかどうか、相手に確認したいとき、この形を使うのです。

こう考えてくると、「ご注文は以上でよろしかったでしょうか」の意味も分かります。つまり、自分に誤解があって失礼していませんか、と確認していたんですね。理由が分かれば、何も不思議ではありません。

気のせいか、一時期に比べて「よろしかったでしょうか」に対する批判が聞かれなくなりました。ことばが定着し、自然に受け取る人が多くなったのかもしれません。

ポイント

「た」は過去を示すために使われる一方、誤解していないか確認するためにも使われる。「よろしかったでしょうか」は失礼していないか確認する用法。

39 「塩コショウしてあげる」は丁寧すぎ？

テレビの料理番組で、講師の先生が「肉に塩コショウしてあげましょう」のように言うことがあります。ちょっと丁寧すぎるのではないか。雑誌の読者から、そんな質問を受けました。

なるほど、こういう場合には、単に「肉に塩コショウします」と言えば十分かもしれません。「あげましょう」などと「あげる」を使う必要はなさそうですね。

料理だけではありません。美容師がメイクの説明で「眉毛の流れを整えてあげます」などとも言います。「あげる」は人に対して使うもので、肉や眉毛に使うのは変なのではないか。そう思う人が多いようです。

こうした言い方が指摘されはじめたのは20世紀の終わり頃のことです。つまり、もう20年以上前から使われている言い方ということになります。

❖「お乳をあげる」「花に水をあげる」

古い時代、「あげる」は立派な尊敬語で、目上の人に使いました。ところが、やがて目上の人には「差し上げる」を使うようになりました。

そうすると、「あげる」はもっぱら同等や目下の相手に使うようになりました。戦後、「赤ちゃんにお乳をあげる」「鳥にえさをあげる」のように、子どもや動物に使うことが一般的になりました。

それまでは「お乳をやる」「えさをやる」と「やる」を使っていたのです。でも、それがぞんざいに感じられるようになり、「あげる」に取って代わられました。「あげる」では丁寧すぎるという意見も多く見かけましたが、長い間に、次第に批判は弱まりました。

モノに対しては、本来「やる」も「あげる」も使いませんでした。ただ、戦前に理科系の分野で「数値を代入してやる」のように「やる」を使うことがありました。戦後は「花に水をあげる」と言うなど、「あげる」はモノにも使われています。

❖「あげる」は結果を強調する

「肉に塩コショウしてあげる」も、「あげる」をモノに使っている例です。わざわざ「あげる」を使うのはなぜか。それは、自分が行う作業の結果をはっきりと強調するためだと考えられます。

「塩コショウします」だけだと、塩やコショウが肉にちゃんとかかっているのかどうか不安です。でも、「塩コショウしてあげます」と言うと、肉を愛情をこめて見つめながら（？）しっかり塩コショウしている感じがします。同じく、「眉毛を整えます」よりも「眉毛を整えてあげます」のほうが、確実に整えている感じがします。
この言い方が丁寧すぎると思う人もいるでしょう。でも、もはや「あげる」はモノにも使えるようになりました。そろそろ受け入れてあげてもいい頃です。

ポイント
「あげる」は、子どもや動物に「やる」の代わりに使うようになった。最近では、「肉に塩コショウしてあげる」のようにモノにも使う。批判もあるが、結果をはっきりと強調するための言い方。

40 「早く言えば」「要は」をうまく使うには

落語の世界には話の長い人物が出てきます。たとえば、人の物を黙って持って来た男が、くどくど言い訳をする場面。聞いている相手がじれったくなって、「つまり、泥棒じゃないか」と問いただします。

「まあ、早く言えばね」

「遅く言ったって同じことだ」

こんなとぼけた会話が笑いを誘います。

「早く言えば」「早い話が」は、長くややこしい話をまとめるための接続語です。これをうまく使いこなすのは簡単ではありません。「早い話が」

と言いつつ、延々と話す人もいます。

「要するに」「要は」も同じ意味ですが、もはや要約するつもりもなく、口癖になっている人もいます。高校時代、「要は、要は」と連発する先輩がいました。とても奇妙な感じを受けたことを覚えています。その先輩も、大して要約して話してはいなかったと思います。

❖簡単すぎると乱発される

「要は」は、気軽に使われていますが、もともとは硬いことばでした。明治時代、東北地方を訪ねた天皇に対し、県の職員

が〈要は物情平穏に属するを見るのみ〉（＝要は、県内は平穏無事です）と答えた発言が残っています。「話をまとめますと」という意味合いです。

そんな硬いことばが、どうして乱発されるようになったのかというと、要は、発音が簡単すぎるからですね。「話をまとめますと」「ひとことで言いますと」に比べて、「要は」は無意識に使いやすい。また、「要」には「要約」のほかに「重要」の意味もあるので、単に強調のつもりで「要は」と言っている人もいるかもしれません。

❖辞書の項目を思い浮かべて

「早く言えば」も「要は」も、使い方のコツを覚えれば、話を交通整理するために役立ちます。そのコツとは何か。頭の中に、辞書の項目を思い浮かべてみることです。

私は学生時代、だらだら話すタイプの人間でした。「何の話をしているか分からない」と言われて、恥ずかしく思うこともありました。簡潔に話したい、と切実に思いました。

国語辞典を作る仕事を続けるうち、その技術が少し身につきました。辞書の説明は、長くても100字程度で書く必要があります。たとえば「文化」とは何かというと、「それぞれの時代や地域、集団によって異なる、人々の精神的・社会的ないとなみ」（36字）という具合。

話をするときも、こんなふうに「もし辞書で説明するなら」と考えると、うまくまとまるのです。
「要は」と言いたくなったら、その前に、頭の中で辞書ふうの説明をざっと書いてみてはどうでしょう。それから発言すると、話が散漫にならずにすみます。

ポイント

「早く言えば」「要は」と言いつつ、話が長い人もいる。
「要は」は無意識に、強調程度の意味で乱発される。
辞書で説明するつもりでまとめると、話が散漫にならない。

41 「正しい日本語」は誰が決めるのか？

国語辞典を作る仕事をしていると、初めて会った人によく言われることがあります。

「飯間さんの前で間違った日本語を使わないようにしようと、とても緊張しています」

いやいや、私はひとさまのことば遣いについて指摘したりなんかはしませんから——。そう答えるのですが、やっぱり、ご本人はずっと緊張しているようです。

実際、私は、周囲の人の日本語が間違っている、などと気になることはありません。そもそも、正しい日本語って何でしょうか。その基準が分からないので、指摘しようがありません。

この章の最初に「見れる」などの「ら抜きことば」を取り上げました。「ら抜き」の判別方法も紹介しました。ただ、これが間違った日本語かというと、そうは考えません。

テレビのニュースならば、たしかに「見れる」より「見られる」のほうがいい気がします。でも、親しい仲間同士が集まって話しているときは、「見れる」のほうが普通でしょう。

「ら抜き」は誤用ではなく、いわば「普段着」のことばです。私が耳にしても指摘しないのは当然のことです。

❖「どんかぶり」も立派な日本語

そのほか、対座している相手のことばを聞いて「間違ってるな」と思ったことはありません。どうか怖がらないでください。私はむしろ、新しい言い方を聞くと喜ぶタイプの人間です。

最近会った放送関係者から「どんかぶり」ということばを教わりました。「服装がどんかぶり」（他人と偶然同じような服装になること）のように使うそうです。辞書の作り手としては、「知らないことばに出合えてうれしい」とは感じますが、「間違った日本語」とは思いません。「ら抜き」と同様、仲間内で使うならば立派な日本語です。

❖「正しい」を決めるのはあなた自身

「正しい日本語」は、一体誰が決めるのでしょうか。国語辞典を作る人？いいえ。複数の辞書の内容を比べると分かりますが、辞書によって考え方が違うことも多いのです。文部科学省だって裁判所だって、正しい日本語を決めることはできません。

どのことばが正しいかを決めるのは、結局、あなた自身です。ある表現に愛着があれば使っていいし、嫌なら使わなくていい。ただし、他人には自分の好みを強要しないのがいいでしょう。

自分の考えや思いを一番うまく表せることばこそ「正しい」と言えるのです。自分自身にとっての「正しい」を決めて、相手に届く表現を目指そうではありませんか。

ポイント

「正しい日本語」の基準は分からず、私には指摘しようがない。
自分の考えや思いを一番うまく表せることばこそ「正しい」。
自分自身の「正しい」を決め、相手に届く表現を目指そう。

装　丁——こやまたかこ
イラスト——松栄舞子

〈著者略歴〉

飯間浩明（いいま　ひろあき）

1967年、香川県高松市生まれ。国語辞典編纂者。早稲田大学第一文学部卒業、同大学院博士課程単位取得。2005年、『三省堂国語辞典』編集委員に就任、国語辞典編纂のために、さまざまなメディアや、日常生活の中などから現代語の用例を採集し、説明を書く毎日。

著書に『日本語をつかまえろ！』『日本語をもっとつかまえろ！』（共に毎日新聞出版）、『知っておくと役立つ 街の変な日本語』（朝日新書）、『辞書を編む』『小説の言葉尻をとらえてみた』（共に光文社新書）、『つまずきやすい日本語』（NHK出版）、『ことばハンター』（ポプラ社）、『非論理的な人のための 論理的な文章の書き方入門』（ディスカヴァー携書）などがある。

ツイッター「@IIMA_Hiroaki」でことば情報を発信する。


本書は月刊『PHP』の連載「なるほど！ 日本語術」（2018年8月号〜2021年12月号）を再編集し、1冊にまとめたものです。

本書の編集は中村悠志さんに担当していただきました。記してお礼申し上げます。（著者）

日本語はこわくない

2021年12月2日　第1版第1刷発行

著者　飯間浩明
発行者　永田貴之
発行所　株式会社PHP研究所
東京本部　〒135-8137　江東区豊洲5-6-52
第一制作部　☎03-3520-9615（編集）
普及部　☎03-3520-9630（販売）
京都本部　〒601-8411　京都市南区西九条北ノ内町11
PHP INTERFACE　https://www.php.co.jp/
組版　有限会社エヴリ・シンク
印刷所　株式会社精興社
製本所　東京美術紙工協業組合

ISBN978-4-569-85097-9